マーケティングをAIで超効率化!

ChatGPT APIの

ビジネス活用入門

〔編著〕佐々木 亮、早川 敦士、菅藤 佑太
〔著〕深田 裕一、風間 智裕

JN208239

講談社

ご注意 **ご購入・ご利用の前に必ずお読みください。**

- 本書に記載された内容は、情報共有のみが目的です。したがって、本書を用いた運用は、必ずお客様自身の責任と判断により行ってください。これらの情報の運用の結果について、講談社および著者は一切責任を負わないものとします。あらかじめご了承ください。

- 本書は、2025年1月現在の情報に基づいて作成されています。ご利用時には、変更されている場合もあります。また、ハードウェア、ソフトウェア、サービスに関する記述は、とくに断りのないかぎり、2025年1月現在での最新バージョンをもとにしています。ソフトウェアはバージョンアップされる場合があり、本書での説明とは機能内容や画面図などが異なってしまうこともありえます。本書ご購入の前に、必ずバージョン番号をご確認ください。

- 本書発行後に仕様が変更されたハードウェア、ソフトウェア、サービスの内容などに関するご質問にはお答えできない場合があります。該当書籍の奥付に記載されている初版発行日から1年が経過した場合、もしくは本書で紹介している製品やサービスについて提供会社によるサポートが終了した場合は、ご質問にお答えしかねる場合があります。また、ハードウェア、ソフトウェア、サービス自体の不具合に関するご質問にはお答えできませんのでご了承ください。

- お電話でのお問い合わせは受け付けておりません。質問については、サポートサイトの正誤表をご覧のうえ、scientific@kspub.co.jp に送付してください。

- ChatGPTやOpenAIの提供するAPIは、毎回異なる回答を行います。また、本書に記載した回答例は、一部修正、省略していることがあります。

- 以上の注意事項をご承諾いただいたうえで、本書をご利用願います。これらの注意事項をお読みいただかずに、お問い合わせいただいても、講談社および著者は対処しかねます。あらかじめ、ご承知おきください。

- 本文中に記載されている会社名、製品名、サービス名などは、米国およびその他の国での登録商標または商標です。本書では ®、©、™ などのマークを省略しています。

はじめに

生成AIがマーケティングをより輝かせてくれる

「定型業務や大量データの分析に時間を取られ、戦略的な業務や意思決定に集中できない」
「競合分析を効率よく進めたいけれど、手作業では限界がある」

マーケティングや企画などビジネスに携わるすべての人が、日々このような課題に直面しています。とくにマーケティング業務では、さまざまなデータをまとめたり、データアナリストやリサーチャーに依頼して分析してもらったりと、煩雑な作業に追われることが多いことでしょう。

では、もしこうした面倒な作業を減らし、より重要な業務に集中できるようになったら、どうでしょう？
その答えが「**生成AI（Generative Artificial Intelligence）**」の活用です。生成AIと聞いて一番に思い浮かぶのは、ChatGPTなどのチャット形式で会話をしながら情報を整理する手順だと思います。しかし、それでは抱えている仕事にフィットした活用がしきれない歯痒さを感じるのではないでしょうか。その感覚は間違いではありません。**チャット形式の利用は、生成AI利用のいち側面でしかないからです**。ChatGPT APIによって、マーケティングで「煩わしい」「効率的にやりたい」と思っている一つ一つの仕事をサポートさせることができるのです。

本書では、マーケティングのタスクにChatGPT APIとPythonを組み込んで、業務効率を劇的に向上させ、新たなビジネス価値を創出するための時間を生み出す方法を記述しています。**これまでの生成AI利用の書籍と大きく違うユニークなポイントは、「AIとの会話だけでない、業務に最適化されたAI活用」です**。そして、**実際に業務利用された活用方法であり、実際に役立つもののみが収録されています**。つまり本書は、一歩先の実践的なAI活用への入門書です。

実際の業務で活用するために

前向きなマーケターの中には、すでに生成AIを触ってみたことがある方も多いでしょう。

しかし、仕事に活用しようとすると、「これまでに何度も生成AIは使っているが、結局は自分の欲しい情報に直結しない」「やってほしい作業はChatGPTのWebアプリケーションではできなかった」と挫折してしまう方を多く見てきました。

チャット形式での生成AI活用だけで、普段人間が行っているような複雑な仕事を任せようとすると、前提知識を伝え思い通りの返答を得るまでに、何度もやり取りが必要なことがあります。さらに、欲しい結果が返ってこないこともしばしばでしょう。

そこで、私たちはこれまで、生成AIでマーケターを支援するツールの開発に取り組んできました。APIという「ちょっとしたプログラミングで生成AIをカスタマイズできるしくみ」を利用して、特定の複雑なタスクをこなすオリジナル生成AIツールを構築してきたのです。

たとえば、ChatGPT APIを活用して、競合他社の動向をサクッと分析できるツールを導入しました。マーケティング戦略策定において、もっとも重要といっても過言ではない3C分析。分析するための情報を集めるだけで非常に時間がかかり、それだけで数週間〜数か月かかってしまうこともあると思います。そんなWeb情報の収集や要約が、このツールでなんと1時間で終わるようになりました（図A.1）。業務効率化によって、分析・方針策定など人間が考えるべき領域に、さらに時間を割けるようになったのです。

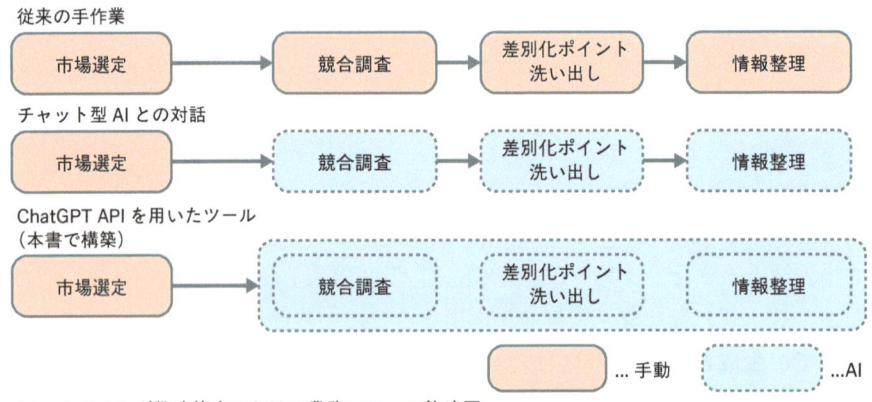

● 図A.1　マーケティング戦略策定における業務フローの簡略図

本書はこれまで私たちが現場で実際に使ってもらったツールをもとに、生成AIを「実際の業務」で使いこなすための具体的なノウハウを詰め込んだ一冊になっています。先ほど例に挙げた競合分析ツールも、本書の3章を読めばすぐに手元で実現できます。

「手間のかかるデータ分析やコンテンツ作成に追われ、戦略に集中できない」「生成AIを試

したいけれど、どこから手を付ければいいのかわからない」という日々の悩みに応えるために、マーケティングの現場で直面する課題を解決する具体的な方法をわかりやすく解説しています。実際にすぐにコピペで試して行動を起こせるように、コード例やツールの使い方も丁寧に紹介しています。

本書の対象読者

　本書のターゲット読者は、ChatGPTで会話をするだけでは飽き足らず、生成AIを本格的に活用し、「本当に」仕事を自動化したいビジネス職やマーケティング職の方々です。また、生成AIの実用的な活用法を同僚やクライアントから質問されることの多いデータアナリストやデータサイエンティストの方々にも、本書は役立つ内容となっています。さらに、ビジネス職やマーケティング職への生成AIの導入を任されているプロジェクト担当者が、効果的な実装方法を学び、周囲に展開できるようなWebアプリケーション化の方法も用意しました。

未来を見据える

　生成AIは単なる一時的なトレンドではなく、私たちの業務に大きな変革をもたらす可能性を秘めています。しかし、多くの方は生成AIのポテンシャルを十分に業務に活かしきれていません。抽象的に生成AIを捉えるのではなく、具体的な業務を実際に生成AIで解決することで「現場のニーズに結びつけること」が大事です。

　ここから先のAIは、より人間の意思決定に近い動きによって、さまざまなタスクをこなしてくれるようになることが期待されます。その第一歩目には「推論（reasoning）モデル」が挙げられます。推論モデルでは、問題に対してAI自身がアプローチを多段階で考え、それに沿ってアクションをとっていきます。これにより、人間が仕事をするときに行う「試行錯誤」のような動きをAIができるようになってきました。私たちは今この段階を経験しています。その先の未来では、AIエージェントと呼ばれるしくみが台頭してくると考えられています。この段階では、私たちが日頃行なっている業務を、AIエージェントが遂行していき、私たちは人に仕事を頼むかのように割り振るだけになっていきます。そして、さらにその先には汎用AI（Artificial General Intelligence：AGI）が誕生し、身の回りのほとんどのことをAIが処理してくれるようになります。しかし、AIの性能が上がっていっても、何をAIにやってほしいかの方向性を決めるのは人間であり、AIはその指示を行動の「羅針盤」として動きます。つまり、AIが適切な方向と範囲で力を発揮して、仕事を代替していけるかどうかは、使う人間側の能力に依存するということです。そのため、AIに任せるべき仕事や、どう任せる

べきかを理解することが重要になってきます。本書で扱うAPIを利用したAIの業務活用の方法は、今後AIによって業務の姿が大きく変化していく中でも、AIがどのように仕事をしているのかを理解するために重要な役割を担ってくれるのです。

この本が、読者のみなさんの生成AI活用の第一歩となり、マーケターとしてさらに活躍できるきっかけになれば幸いです。

本書の構成

本書は以下で構成されています。

第1章　ChatGPT APIが切り開くAIの世界

ChatGPT APIの概要とプロンプトエンジニアリングについて解説します。

もっと知りたい！ChatGPT APIを使う上での注意点

ChatGPT APIを利用するにあたって注意が必要な、著作権や業務情報の漏洩リスクなどを解説します。

第2章　ChatGPT APIのセッティング

ChatGPT APIを実際に使用するための環境構築と設定方法について詳しく説明します。技術的な知識が少ない方でもスムーズにセットアップできるよう、手順を丁寧に解説しています。また、書籍全体で使用する共通関数を定義しています。

もっと知りたい！さらにChatGPT APIの理解を深めるために

少しマイナーでも機能を磨き込むには必要な、ChatGPT APIの細かい設定やパラメータを紹介します。

第3章　情報収集と競合分析で調査を楽にしよう

Web上の情報を効率的に収集し、競合分析を自動化する方法を解説します。要約・e-Statからの情報収集・Google検索を用いた情報収集とそれらの分析を行います。

第4章　セールスコピーを考えてもらおう

広告文やセールスコピーなどのクリエイティブの作成を効率化します。ChatGPT APIを活用して、Who、What、Howと段階的に情報を整理したうえで、広告テキストを生成し、ア

イデアの幅を広げる方法を紹介します。

もっと知りたい！ChatGPT APIで実現するデザイン制作の効率化

　画像生成モデルDALL·Eを用いて、デザイン案のアイデア出しだけでなく、デザインの言語化も行い、クリエイティブ制作を大幅に効率化する方法を解説します。

第5章　SQL文を生成してデータを抽出しよう

　データの抽出や加工に必要なSQL文を生成する方法を紹介します。ChatGPT APIを使えば、SQLの知識がなくてもデータベースを自在に扱えるようになります。

第6章　複雑なデータを簡単に分析しよう

　手元にあるデータを簡単に分析する方法を解説します。アンケートなどの定量データと数値などの定性データを分析・解釈・可視化します。

第7章　会議音声から議事録を自動生成しよう

　音声認識モデルWhisperを活用し、会議の音声データから文字起こし、議事録作成までを一貫して行う方法を紹介します。Podcastからの情報収集や、マルチメディア展開も行えるようになります。

第8章　AIをStreamlitでWebアプリにしよう

　これまでの章ではGoogle Colaboratory上で業務効率化のためのコードを実装してきましたが、これをWebアプリにすれば、プログラミングができない人にも便利な機能を使ってもらえるようになります。本章ではその練習として、ChatGPT APIを用いたAIアプリケーションを、Streamlitを使ってWebアプリとして構築する方法を解説します。繰り返し、多くの人に使ってもらうことで、AIによる業務効率の改善を最大化します。

もっと知りたい！生成AIアプリケーションを一人でも多くの人に使ってもらうためには——DeNA社内での取り組み事例

　実際にどのように生成AIプロジェクトを社内で展開していくのかを、実際の事例をもとに紹介します。

本書で扱うコードについて

本書で紹介しているすべてのコードは、サポートサイト（図A.2）にて公開されています。

https://classic-aunt-ddc.notion.site/AI-ChatGPT-API-177e325f25e1805792d2ea67d2a5fac9

● 図A.2　サポートサイトのQRコード

　読者のみなさんは、記載されているコードを一から書き写す必要がありません。サポートサイトからコピペして、Google Colaboratory上で簡単に実行できる環境が整っているので、**Pythonの知識がない方でも、本書に掲載しているコードを自分で動かすことができます。**

　コードを実際に動かしながら、生成AIがどのように業務を効率化できるかを、ぜひ体感してみてください。サポートサイトでは、出版後しばらくはモデルリリースの対応もしていく予定ですので、最新情報の確認のためにもチェックをおすすめします。

本書の表記法

　本書では、重要な情報や補足的な知識を、わかりやすく伝えるために以下の表記法を採用しています。

● **注意書き**：読者のみなさんに気をつけてほしいポイントや注意事項は、黄色の枠で強調しています。設定や作業の際に見逃さないようにしてください。

 注意書き

注意書きは黄色の枠

● **Tips**：効率よく生成AIを活用するためのコツや、知っておくと便利な情報は、青色の枠で囲んでいます。実践に役立つアイデアやポイントが盛り込まれています。

 **Tips**

Tipsは青色の枠

本書における業務削減時間

本書では、各章の冒頭に生成AIを活用することで削減できる業務時間を明示しています。これは、マーケターのみなさんが日常業務で直面するタスクを、生成AIによってどれだけ効率化できるかを具体的に示すものです（表A.1）。

● 表A.1　各章の業務削減時間

	時短・コスト削減目安	計算方式
第3章　情報収集と競合分析	1か月あたり8時間	週1回の定例会議の前に2時間かけてデータを準備しているとすると、2時間×4回＝8時間。
第4章　セールスコピー	1か月あたり4時間	週ごとにA/Bテストを行うとして、そのたびに1時間かけて広告テキストを用意すると、1時間×4回＝4時間。
第5章　SQL文生成	1か月あたり4時間	週1回の定例会議の前に1時間かけてデータを準備しているとすると、1時間×4回＝8時間。
第6章　データ分析	1か月あたり6時間	月1回アンケートを行い、それを1日かけて分析しているとする。
第7章　議事録作成	1か月あたり13時間	週20回（月80回）会議があり、議事録を1回あたり10分で書いているとして、10分×80回＝800分。
第8章　Webアプリケーション化	外注する場合は1～2人月相当	外注した場合、企画から業務効率化アプリの納品までにおおむね200万円ほどかかると予想する。

一般的なスキルセットを持つマーケターが、日常的に行う業務をイメージしています。普段の業務内容によって時短できる時間はかなり異なると思うので、ぜひ「計算方式」を参考に自分が時短できそうな時間を計算してみてください。チームに生成AI導入をする際の説得材料としても活用できます。

謝辞

本書の執筆にあたり、多くの方々からご支援を賜りました。株式会社ディー・エヌ・エーの小田卓也さんには、書籍の企画段階から貴重なご協力をいただき、社内での理解を得るうえでも大変お世話になりました。また、株式会社ホクソエムの牧山幸史さん、サスメド株式会社の本橋智光さん、愛妻家にして娘の強化学習専門家である高柳慎一さんには、丁寧なレビューと的確なアドバイスをいただきました。本書で紹介させていただいた活用事例にご協力くださった各社の皆さまにも、心より感謝申し上げます。そして、編集を担当してくださった大橋こころさんには、惜しみないご支援をいただき、無事に出版へと繋げることができました。この場を借りて深くお礼申し上げます。

8章 AIをStreamlitでWebアプリにしよう 183

ChatGPT API が切り開く
AI の世界

キーワード

AIモデル・コスト・プロンプトエンジニアリング

事業の拡大に向けて、生産性を上げていくぞ。生成AIを
使って効率化できるところはないか？

ChatGPTを使うってことですか？　質問には答えてくれる
けど、業務の効率化ってどう使えばいいんでしょう？

ChatGPT APIを使えば、質問以外にもいろんなことが
実現できるんですよ。たとえばね……。

この 章 で で き る こ と

- ChatGPT APIの概要を知る
- ChatGPT APIの使い方と ChatGPT との違いを見つける
- プロンプトの品質アップ

1.1　ChatGPTとは

ChatGPT は OpenAI が開発した対話型の AI サービスです。「対話型」という言葉通り、ま
るで**人間と話しているように自然な会話を行うことができます**。ChatGPT は日本語を含む50
以上の言語を自在に操ることができ[*1]、文章やキャッチコピーを作るのがとても得意です。

＊1　2024年12月末時点では59の言語がサポートされています。https://help.openai.com/en/articles/8357869-
how-to-change-your-language-setting-in-chatgpt#h_513834920e

加えて、Webから集めた情報をはじめとした、**多くの知識を持っていることも特徴です**[*2]。ChatGPTの膨大な知識は、専門的な範囲までをカバーしています。米国の医師免許試験では合格ラインに達するスコアを記録[*3]し、司法試験の模擬試験では受験者の上位10%程度のスコアを獲得[*4]するほどです。

ChatGPTができる仕事は会話や文章生成だけではありません。**画像生成、データ分析、ファイル読み取り、プログラミングなど多くの機能を持っています**。指示通りのイラストを描いたり、Wordや画像、音声のファイルを受け取って解析し、データ分析やファイルの処理を行ったり、逆に指定通りのファイルを作成したり、Pythonによるプログラミングを内部で行ったりすることができます。

普段使う言葉で簡単に指示をし、細かい状況を反映した上で上記機能を駆使してくれるChatGPTは、**一人一人の異なるニーズに応えてくれる、「最強のパーソナライゼーションシステム」**（図1.1)」ともいえるでしょう。

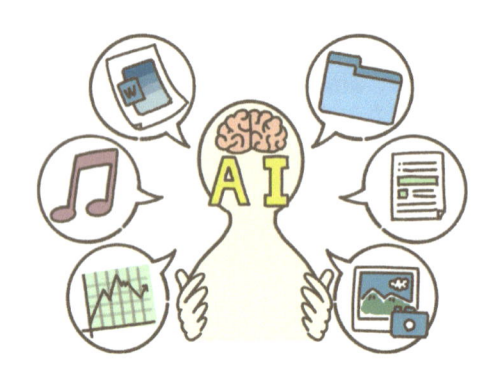

● 図1.1　一人一人のニーズに応えてくれるパーソナライゼーションシステム

1.2　APIでAIの力を自在に引き出す

ChatGPTを仕事で使うのはとても便利ですが、毎回同じような作業を頼むのに、そのたび

＊2　2024年12月末時点では、GPT-4oは2023年10月までの情報で学習されています。https://platform.openai.com/docs/models/gpt-4o
＊3　米国医師免許試験（USMLE）でStep 1～3の3つのそれぞれの試験で合格ラインかそれに近い成績を収めたことが報告されています。https://pubmed.ncbi.nlm.nih.gov/36812645/
＊4　OpenAIによるGPT-4の評価。本書ではより新しいGPT-4o miniを主に利用します。https://openai.com/index/gpt-4-research/

に細かく情報を与えて指示しなければいけないのは面倒だと感じたことはないでしょうか？また、会話だけでは完結しない、もっと複雑な仕事を任せたいと思ったことはありませんか？

　APIを利用すれば、ChatGPTの機能を別のプログラムの中に組み込むことができるので、ChatGPTへの指示を省略して使いやすくしたり、別のアプリと組み合わせてより高度な機能を作ることができます。

`1.2.1` APIってなに？

　APIとは、Application Programming Interface（アプリケーションプログラミングインターフェース）の略称で、あるソフトウェアの機能を、別のソフトウェアから利用できるようにするためのしくみです。

　このしくみを利用することで、私たちはAPIを提供しているサービスの機能を、サービスの外側から利用することができるようになります。たとえば、Uber Eats[*5]はアプリの中にカスタマイズしたGoogle Mapを表示でき、ECサイトではAmazon Pay[*6]を利用することでAmazonに登録された決済手段や配送先情報を利用することができます。

ChatGPT APIから利用できるAI機能

　AIモデルという言葉には聞き覚えのある方が多いのではないでしょうか。生成AIのAIモデルは、収集された膨大なデータセットから学習することで、新しいテキストや画像を生成できるようにしたものです。

　ChatGPTを人にたとえると、AIモデルは脳にあたるものとイメージしてもらえるとわかりやすいかもしれません。ChatGPTでは利用者からの質問を受け付けると、脳にあたるAIモデルが回答を生成して、対話形式で回答します（図1.2）。

[*5] https://www.ubereats.com/jp
[*6] https://pay.amazon.co.jp

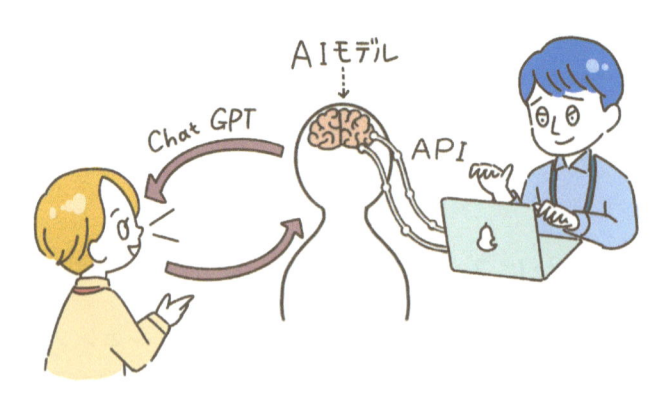

● 図1.2　ChatGPT、AIモデル、APIの概念図

　OpenAIはいくつものAIモデルをChatGPT APIを通じて提供しています。これを利用することで、私たちは生成AI特有の「入力された内容に基づいて結果を生成する」という機能を、プログラムに組み込むことができるようになります。

OpenAI が提供している代表的な AI モデル

　OpenAIはさまざまなAIモデルをAPIで提供しています（表1.1）。

● 表1.1　OpenAI がAPIで提供している代表的な AI モデル [7]

本書での呼称	AIモデル	どんなモデル？
ChatGPT API	GPT models (GPT-4o, GPT-4o mini)	高速で多用途に利用できる、高度な知能を備えたOpenAIのフラッグシップモデル
	Reasoning models (o1, o1-mini, o3-mini)	複雑で多段階の問題を得意とする推論モデル
	GPT-4o Realtime	リアルタイムでテキストと音声の入出力が可能なGPT-4oモデル
	GPT-4o Audio	REST API経由で音声の入出力が可能なGPT-4oモデル
Whisper API	Whisper	音声をテキストに変換できるモデル
DALL·E API	DALL·E	自然言語によって、画像の生成・編集を行えるモデル

　GPT-4o、GPT-4o miniはChatGPTの画面でも見覚えがあるのではないでしょうか。**これらは大規模言語モデル（Large Language Model、以降LLM）と呼ばれ、言語を理解して人間のように自然な言語を生成することができます。**テキストの生成を行う際はこれらのモデルを

＊7　記載したモデルは2025年2月時点のものです。OpenAIの提供するすべてのAIモデルの一覧は公式サイトの情報を参照してください。https://platform.openai.com/docs/models

利用します。

　DALL·EやWhisperといったモデルはChatGPTを利用している中ではなかなか目にすることはないかもしれません。Whisperは音声を認識してテキストに変換することができ、DALL·Eは画像生成を行うことができます。本書では4章の後の「ChatGPT APIで実現するデザイン制作の効率化」や7章でこれらのモデルを紹介します。

1.2.2　ChatGPT APIの利用料金

　有料版のChatGPT Plusは月額$20[8]の定額料金制ですが、**ChatGPT APIは利用した分だけ料金がかかる従量制の料金プランとなっています**。料金プランは利用するAIモデルごとに定められています。

　たとえば、GPT-4o, GPT-4o miniなどのモデルでは、入力されたtoken数と、生成されたtoken数によって料金が発生します（表1.2）。

> **tokenとは**
>
> tokenとは、ChatGPTなどのAIモデルが処理する最小の言語単位に分解したものを指します。文章を生成する際は、入力された文章をtokenの単位に分解して解釈し、次に来るtokenを予測することで文章を生成します。

● 表1.2　料金テーブル[9]

AIモデル	100万token（入力）の料金	100万token（出力）の料金
GPT-4o	$2.5	$10
GPT-4o mini	$0.15	$0.6
o1	$15	$60
o3-mini	$1.1	$4.4

　1文字あたりの token数は言語によって異なります。英語の場合はおおむね1つの単語が1token、日本語の場合は1文字が0.5〜3token程度です。100万tokenのボリュームは、文字だけで見るとこの書籍の2〜3冊程度が収まるサイズ感です。

　執筆時点でもっとも代表的なモデルであるGPT-4oで、本2〜3冊分にあたる100万tokenの

---

[8]　記載の料金は2025年1月末時点のものです。最新の料金は公式サイトの情報を参照してください。https://openai.com/ja-JP/chatgpt/pricing/
[9]　記載の料金は2025年1月末時点のものです。最新の料金は公式サイトの情報を参照してください。https://openai.com/api/pricing/

入力を行った場合は$2.5のコストが、100万tokenの出力を得た場合は$10のコストがかかります。100万tokenの入出力があった場合は合計で$12.5のコストがかかる計算になりますが、それでも有料版のChatGPT Plusの月額料金の半分程度の金額です。**ChatGPTの利用状況によってはAPIを利用した方が安くなるという人も多いかもしれません。**

2024年7月からは、より単価の安いGPT-4o miniも利用できるようになり、2024年8月にはGPT-4oの料金も安くなりました。費用面では以前よりもかなり手を出しやすくなっています。

1.3 ChatGPT APIであなたの仕事がこう変わる

1.3.1 ChatGPT APIを使うとこんなことができる！

プログラムの中からAIモデルを直接利用することができるようになることで「AIモデルを柔軟に利用できる」ことがChatGPT APIを利用するメリットです。

どんな使い方をすると便利なのか、私たちの仕事はどのように変えていくことができるのか、APIならではの使い方を紹介します。

プログラムを作ることで、一連の処理の流れに生成AIを組み込むことができる

ChatGPTではチャット形式で利用しなければならないため、AIモデルへの指示内容を書いたり、生成された結果を他の場所に持っていったりと、利用者自身が処理と処理を繋ぐための作業を行う必要があります。

そこで、**ChatGPT APIを用いて専用のプログラムを作ることで、あらかじめ決まっている処理はプログラムに任せてしまうことができます。**

たとえば、作成した会議メモを要約して参加者に共有するツールを作成した場合、会議メモをアップロードして、「要約して共有」ボタンを押すだけで、ChatGPT APIで要約された結果を、会議メモ内に記載された参加者のメールアドレス宛に送信する、ということも実現することができるのです（図1.3）。

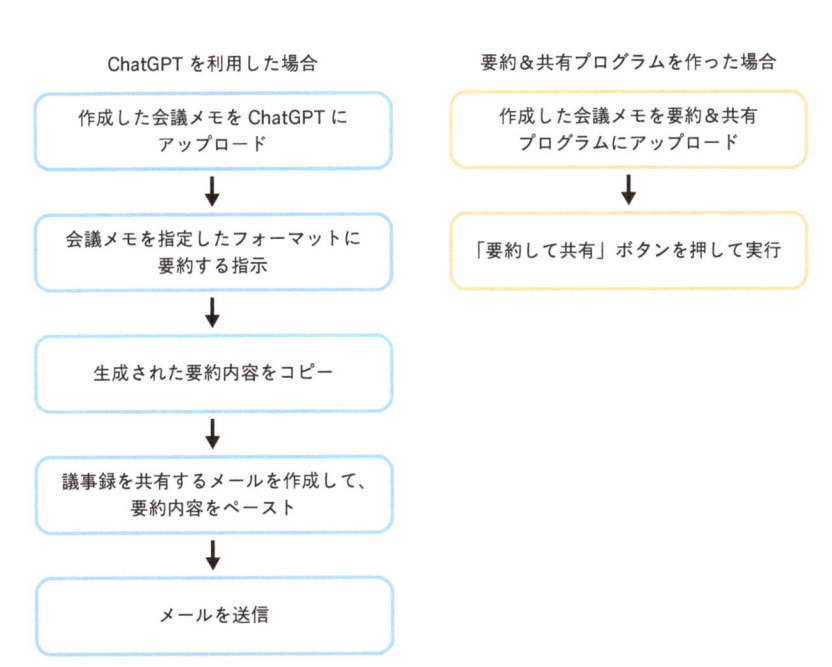

ChatGPT を利用した場合

- 作成した会議メモを ChatGPT に アップロード
- 会議メモを指定したフォーマットに 要約する指示
- 生成された要約内容をコピー
- 議事録を共有するメールを作成して、 要約内容をペースト
- メールを送信

要約＆共有プログラムを作った場合

- 作成した会議メモを要約＆共有 プログラムにアップロード
- 「要約して共有」ボタンを押して実行

● 図1.3　プログラム作成による効率化

マルチモーダルなタスクをプログラムに組み込むことができる

テキスト・画像・音声などの情報の形式（モダリティ）を複数種類取り扱う作業をマルチモーダルなタスクと呼びます。

たとえば、商品の画像と、「この商品の色はなんですか？」というテキストの組み合わせを受け取って、それに回答することはマルチモーダルなタスクです。ECサイトの「食器」カテゴリーの商品が増えたので「お皿」「カップ」「カトラリー」などのサブカテゴリーを商品情報に追加したい、というケースを考えてみましょう。商品画像からサブカテゴリーを判断して商品データに登録するプログラムを作成すれば、100件、1,000件の商品情報があったとしても自動で繰り返して実行させることができます。

こういったマルチモーダルなタスクは、これまでは人による判断が必要なことがほとんどだったのではないでしょうか。マルチモーダルなタスクが行えるようになることで、プログラムで実現できることが大きく広がっています。

1.3.2　APIはこんなところで利用されている

ユースケースを知ることで、ChatGPT APIを使いこなすアイデアも広がっていきます。

すでに多くの先行者が、さまざまな工夫を凝らし、生成AIを利用した多くのサービスを生み出しています。どのように生成AIを利用しているのかを読み解いて、検討の引き出しに追

加していきましょう（**表1.3**）。

● 表1.3　生成AIを利用したサービス例

業界	サービス例	生成AIの利用例
EC	BASE株式会社「BASE AI アシスタント」[10] 楽天グループ株式会社「RMS AIアシスタント」[11]	商品の説明文の生成、お問い合わせへの対応文の生成、SNSの投稿文の生成など
中小企業支援	株式会社THA「AI社長」[12]	社長のビジョンや知識を持ったAIチャットボットの作成
マーケティング	シロ株式会社「Insight Journey」[13] 株式会社リチカ「リチカクラウド」[14]	ペルソナイメージの作成、顧客インサイトの理解支援、キャッチコピー、LPワイヤー、動画広告の作成など
	株式会社サイバーエージェント「極予測シリーズ」[15] 株式会社電通デジタル「∞ AI Ads」[17]	訴求軸の発見、テキストクリエイティブの生成、画像クリエイティブの生成、広告効果予測[16]、広告効果事前予測機能と生成AIを活用した広告素材の自動生成など
	株式会社Helpfeel「Helpfeel」[18] 株式会社RightTouch「RightSupport by KARTE」[20]	FAQの生成、意図予測検索による検索精度向上、課題予測による回答最適化、サポートシナリオの生成[19]など

1.4　まずはChatGPTを使いこなそう

　本書では、これまで紹介してきたAPIの利用方法を解説することを目標にしています。そのため、ChatGPTのアプリケーションの細かい使い方については割愛します。

　ただ、APIを利用するにしても命令文の渡し方の重要性は変わらないので、まずはチャット形式のChatGPTを触りながらそのコツをつかんでおきましょう。

[10]　https://baseu.jp/information/20230406
[11]　https://corp.rakuten.co.jp/news/press/2024/0430_01.html
[12]　https://ai-syacho.com/
[13]　https://insight-journey.web.app/
[14]　https://richka.co/lp/
[15]　https://www.cyberagent.co.jp/service/ai/creative/
[16]　株式会社サイバーエージェントにより特許取得済み。特許第6945670号「広告制作支援プログラム、広告制作支援装置及び広告制作支援方法」。
[17]　https://www.dentsudigital.co.jp/services/AI/mugen-ai#Ads
[18]　https://www.helpfeel.com
[19]　株式会社Helpfeelにより特許取得済み。特許第7112155号及び特許第7112156号「特許名：情報処理装置、情報処理方法及びプログラム」。
[20]　https://rightsupport.karte.io/

もう普段から使っているという方は、本節をスキップして1.5節に進んでください。

まずはChatGPTの公式サイト[21]にアクセスします（図1.4）。執筆現在では、ユーザー登録なしで利用することができます。ログインなしでは、GPT-4o miniというモデルのみを利用することが可能です。メールアドレスを登録することで、チャット履歴を残したり、GPT-4oという高性能なモデルを回数制限付きで利用したりすることができるので、登録することをおすすめします。

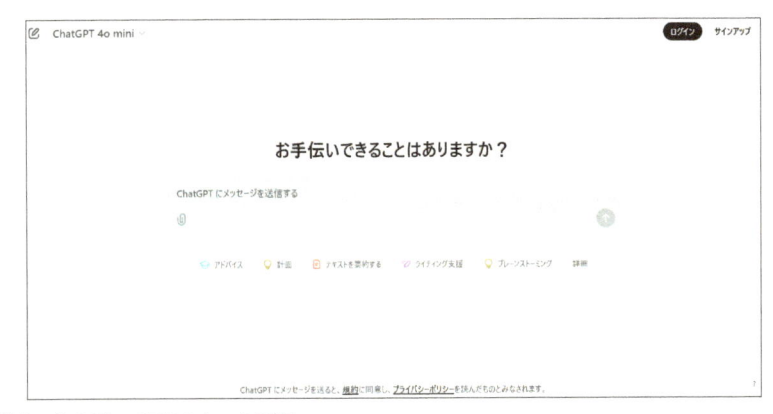

● 図1.4　ログイン前のChatGPTのホーム画面

準備ができたら、「ChatGPTにメッセージを送信する」から会話を始めてみましょう。

こんにちは、よろしくお願いします。

こんにちは！よろしくお願いします。今日はどのようなお手伝いをしましょうか？

会話をすることができました。

このようなChatGPTに送る命令文のことをプロンプト（prompt）といいます。ChatGPT以外にもさまざまな生成AIが登場している中、だんだんと一般的な言葉になってきました。

[21]　https://chatgpt.com/

プロンプト次第で、得られる結果が大きく変化するのが生成AIの特徴でもあります。そのため、正確かつ効果的に情報を与えることが重要です。この後進めるAPIを使ったAIの実装でも、このプロンプトは非常に重要な役割を担います。

1.4.1　ChatGPTが得意な「アイデア出し」

いくつか具体的なタスクを実際に依頼してみましょう。

ChatGPTは、アイデア出しやブレインストーミングなどにも非常に有用だと言われています。本書の4章では、このような作業を含めたセールスコピーの作成を、効率的に進める方法を紹介しています。

```
会社のオウンドメディアで扱うコンテンツをもとに、
転職希望者が見たくなるようなサイトのキャッチコピーを5つ提案してください。
このメディアでは、以下のようなコンテンツを扱います。

コンテンツ"""
- 社員インタビュー
- サービス紹介
- 採用情報
- 社外イベント参加レポート
"""
```

```
「社員のリアルな声を聞ける、次のステージへの扉」
「あなたの未来を創る、サービスの舞台裏」
「次のキャリアステップ、ここで見つかる」
「社外イベントで広がるネットワークとチャンス」
「未来の同僚と出会う、インサイトフルなインタビュー」

これらのキャッチコピーは、転職希望者に対して会社の魅力や価値を効果的に伝え、
サイトへの関心を引きつけることを目指しています。
```

人間が考えたかのようなキャッチコピーを簡単に出力することができました。

1.4.2　検索・情報要約タスク

続いて、検索と情報の要約です。ChatGPTでは、Webページを探索し、要望に合った情報

を収集させることができます。たとえば、以下のように出版物や論文を探してきて、その基本情報と要約を一緒に提示するタスクをこなすことができます。

直近半年で出版されたマーケティング関連の書籍や査読論文を3つピックアップしてください。
そのとき、タイトル、出版元、内容の要約、参照リンクとISBNコードもしくはDOIを合わせて提示してください。回答は日本語で行ってください。

以下は直近半年で出版されたマーケティング関連の書籍です。タイトル、出版社、内容の要約、ISBN、参照先リンクを記載します。

1. 最新マーケティングの教科書2025

編集： 日経クロストレンド
出版社： 日経BP
発行日： 2024年11月28日
内容要約： デジタルマーケティングの最新トレンドを解説。生成AIの活用、トレンド分析、ケーススタディなど、マーケティングの進化を包括的にまとめている。
ISBN： 978-4296206780
参照先リンク： 日経BP書籍紹介ページ

2. マーケティング・オン・ビジネス 第2版

これらは、最新のマーケティング知識を習得するのに役立つ資料となります。

　情報の探索タスクは、業界分析やコピーライティングの材料としても非常に有用です。本書でもこのようなタスクを、APIを用いてより詳細な条件から提案できるツールを開発していきます。

　コツは、具体的な期間（直近半年）、探索範囲（マーケティング関連の書籍や査読論文）、アウトプット形式（タイトル、出版元、内容の要約、参照リンクとISBNコードもしくはDOI）を指定していることです。このようなプロンプトを最適化する方法について、次節で解説します。

プロンプトエンジニアリングの鉄則4箇条

　ここでは、回答の質を左右するプロンプトの適切な与え方のコツを紹介します。APIを利用したツール作りの中でもプロンプトは重要なので、AIツールが作れるようになったタイミングでこの節をもう一度読み直し、プロンプトを磨く余地があるか検討するのもおすすめです。

　OpenAIのプロンプトエンジニアリングに関するページ[22][23]を参考に、重要な4つのポイントを紹介します。

1. 指示は先頭に、"""を使って与える情報を明確に区切るべし

　ChatGPTにプロンプトを与えるときは、まず指示を書いて、その後に内容を「"""」や「###」を使って囲って指定するといいと言われています（図1.5）。LLMがどこまでが指示で、どこまでが読み込むべき内容なのかをしっかりと把握することができるので、非常に重要です。

NGプロンプト

以下のテキストから、重要なポイントを箇条書きにしてまとめてください。

{入力テキスト}

Goodプロンプト

以下のテキストから、重要なポイントを箇条書きにしてまとめてください。

テキスト："""
{入力テキスト}
"""

＊22　https://help.openai.com/en/articles/6654000-best-practices-for-prompt-engineering-with-the-openai-api
＊23　https://platform.openai.com/docs/guides/prompt-engineering

2. とにかく指示は具体的にするべし

　こちらがプロンプトエンジニアリングにおいてもっとも重要なポイントと言っても過言ではありません。自分が知っている情報や欲しいと思っているものと、その形式を明確に指示することで、返答の質が向上します（図1.6）。

　たとえば、どういうレベルの受け手を想定するかも「素人」ではなく「高校生」「大学で物理を学んだ人」など具体的に指定する必要があります。加えて、前提条件や出力形式（文字数、フォーマット回答の個数など）、回答者の役割を明示するのも大事なポイントです。

> ### NGプロンプト
> 以下の原稿から、重要なポイントを抽出して議事録を作成してください。
>
> 原稿"""
> {入力テキスト}
> """

あなたは優秀なアシスタントです。
会議の書き起こし原稿を渡すので、それらを要約し重要なポイントを含む議事録を作成してください。

議事録は、以下のポイントに分けて記載してください。各項目、なるべく詳細に記載してください。

議事録：
－ 会議の概要：
－ 主な議題とディスカッションポイント：
－ 決定事項とアクションアイテム：
－ 次回の会議の予定：

書き起こし原稿　"""
{入力テキスト}
"""

● 図1.6 「候補を10個ください」「概要とキーワードを分けてまとめてください」と具体的に指示

3. 回答例を作って事前に教えてあげるべし

　漠然と「これやって、あれやって」と言っても、人間もAIもなかなか理解がしづらいです。具体的な例を示して「これと同じようにやってみて」と伝えると、意図を汲み取ってもらいやすくなります（図1.7）。

　ここでは例は1つのみですが、例は1つだけでなく、2〜3例ある方がより意図を汲み取ってもらいやすくなります。

NG プロンプト

以下のテキストから、キーワードを抽出してください。

テキスト """
{入力テキスト}
"""

Good プロンプト

テキストから、以下のようにキーワードを抽出してください。

テキスト例 """
OpenAIは、テキストの理解と生成に優れた最先端の言語モデルをトレーニングしています。
私たちのAPIは、これらのモデルへのアクセスを提供し、言語処理を伴う
ほぼすべてのタスクを解決するために使用することができます。
"""

キーワード例 """
OpenAI、言語モデル、テキスト処理、API
"""

テキスト """
{入力テキスト}
"""

● 図1.7　例をまねしてもらう

4. 否定せず、やるべきことを指定するべし

　プロンプトでは、指示の中に禁止事項などの否定を入れても要望が通りにくいです（図1.8）。無限に選択肢がある中では、ある1つの道筋を消去されただけだと、かえって類似の回答を行ってしまうなど、意図通りの答えが返ってこないこともあります。そのため、具体的な出力方針を明記することで、出力をコントロールすることが重要です。

NGプロンプト

以下の条件をもとに、マーケティングのためのコピーを3つ提案してください。
そのとき、似たニュアンスのものや、過激なものは出力しないでください。

{入力テキスト}

Goodプロンプト

条件をもとに、マーケティングのためのコピーを3つ提案してください。
そのとき、フォーマルな口調での訴求、情熱的な訴求、ポエムのような訴求で提案してください。

{入力テキスト}

● 図1.8　否定は意外と伝わりづらい

奥深いプロンプトエンジニアリング

　ここでは厳選した4つの要素を挙げましたが、他にもプロンプトエンジニアリングの方法はさまざまです。有名なものを追加で紹介しておきます。

- **フューショット学習（few shot learning）**：事例を挙げるときは1つだけでなく2〜3つ挙げることでAIがより判断しやすくなります。
- **ペルソナ指定**：出力結果を受けとる相手の知識レベルや属性を指定します。
- **チェイン・オブ・ソート（Chain of Thought : CoT）**：考えさせたい事柄の思考ステップを段階的に明示して推論を助ける方法です。

　他にもさまざまな手法がありますが、プロンプトは出力を見ながらいろいろなものを試すのがコツです。ぜひここで学んだ知識をもとに試行錯誤して、ChatGPTの能力を最大限発揮できるようにしましょう。

さらに挑戦したい人は

- **他のLLMについての理解を深める**：OpenAI以外の生成AIモデルにはどんなものがあるでしょうか？　長所と短所を整理してみましょう。
- **ChatGPT APIの活用法を考える**：自社のサービスや、よく利用するサービスに、どうLLMを組み込めるのかを考えてみましょう。
- **プロンプトの理解を深める**：LLMの能力を最大限に引き出せるように、さらなるプロンプトのコツを調べてみましょう。

これだけは覚えたい！基本ポイント

- ChatGPT APIを利用すると「生成する」機能をプログラムから利用することができます。
- 「生成する」機能と他のしくみを組み合わせると、ChatGPTではできないことまで実現することができます。
- ChatGPTもAPIもプロンプトに対して返ってくる答えは同じ。プロンプトのコツをマスターして、どちらも使いこなしましょう。

ChatGPT API を使う上での注意点

ChatGPT API を利用する上での注意点のほとんどは、ChatGPT を利用する場合と変わりません。次に挙げる点に注意して利用するようにしてください。

生成結果に関する注意点

AIは事実に基づかない回答を生成することがあります。誤った内容をもっともらしく回答するため、この事象はハルシネーション（幻覚）と呼ばれています。

倫理的にも不適切な発言をすることがあるため、生成結果は人の目でチェックして利用しましょう。

著作権に関する注意点

AIによって生成したものが第三者の著作権を侵害してしまうことがあります。具体的な作品名を入力したり、AIに著作物を模倣させるような指示は避け、生成されたものは人の目でチェックしましょう。

AIによって生成したものは著作権が認められない可能性があります。AIと著作権についての考え方は文化庁などからも発信されていますので[*24]、最新の情報を確認して判断してください。

機密情報に関する注意点

利用するAIサービスによって、入力した情報がAIの学習データとして利用されてしまう可能性があります。入力した情報がどう取り扱われるのか、利用するAIサービスの利用規約を確認した上で利用しましょう。

入力した情報がAIサービスの提供者のサーバーに保存されることで、情報が外部に流出してしまう可能性があります。個人情報や、機密情報はAIには入力しないようにしましょう。どのような情報をAIで取り扱ってよいのかの基準は、企業やサービスによって異なります。ご自身の所属する組織のルールを確認し、適切な範囲の情報を利用するようにしましょう。

料金に関する注意点

ChatGPT Plusのような定額制の料金システムとは違い、APIは使った分だけ料金がかかる従量制の料金システムが採用されています。プログラムによって大量にループを回す場合などは、利用するtoken量がどの程度になるかに注意をして実行しましょう。

---

*24 https://www.bunka.go.jp/seisaku/chosakuken/pdf/93903601_01.pdf

ChatGPT APIの
セッティング

キーワード

登録方法・Google Colaboratory・Python

なるほど、ChatGPT APIを使うといろいろできそうだね。さっそくだけど早川くん、競合調査をうまく自動化できたりしないかな？

いいですね。せっかくだから佐々木さん、自分でやってみませんか？

やってみたいです！　プログラミングをあまりやったことがないのですが、自分でもできるでしょうか……。

手順通りやれば誰でも簡単にはじめられますよ！　まずはChatGPT APIを使えるように、アカウント作成からやってみましょう。

　1章で、APIとはなにか、どんなことができるのかについて例を交えながら説明しました。ただここまで読み進めたみなさんの中には、「APIがすごそうなことはわかったけど、具体的に自分たちがどのように活用できるのか、自分でも扱えるのかわからない」という方も多いのではないかと思います。

　そこでこの章では、OpenAIが提供している「ChatGPT API」の利用の始め方と、APIを使用してテキストを生成する方法について紹介します。

2.1　ChatGPT APIを使えるようにしよう

　ここから実際に、本書で使用するChatGPT APIの使用方法について説明します。ChatGPT APIを使用することにより、ChatGPTなどでプロンプトを入力し返答が来るのと同様の機能を、Pythonなどのコード上から呼び出し、使えるようになります。

2.1.1　登録方法

　ChatGPT APIを使用するためには、まずOpenAIのアカウントを作成する必要があります。以下に、その手順を説明します。

❶「OpenAI Platform」と検索してOpenAIの開発者向けWebサイト[*1]にアクセスし、右上の「Sign up」ボタンをクリック（図2.1）。ChatGPTのアカウントを持っている場合は、右上の「Log in」からログインし、右上の「Start building」をクリックすると図2.3の画面になります。

---

*1　https://platform.openai.com/

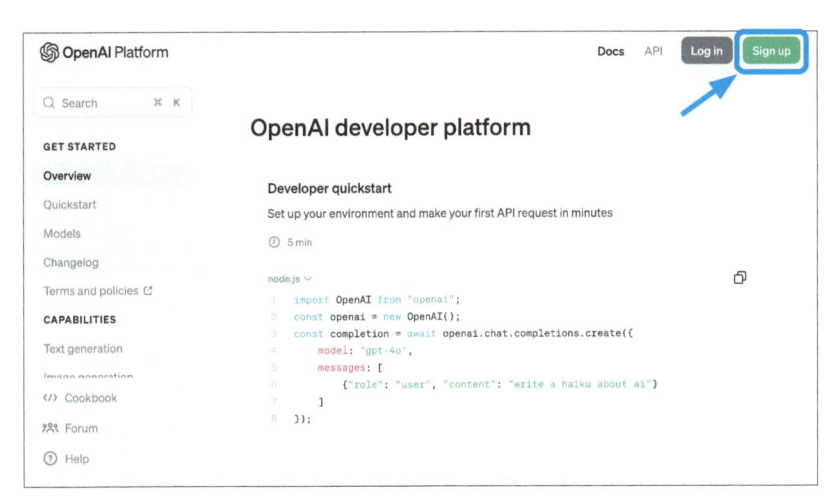

❷登録フォームが表示されるので、必要情報を入力します（図2.2）。

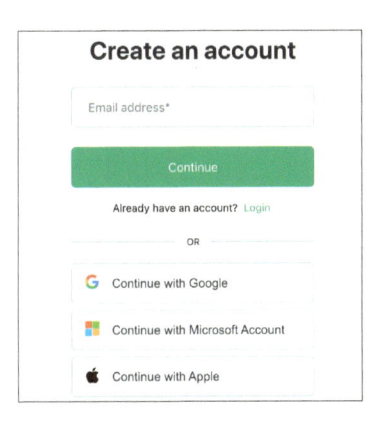

● 図2.2　サインアップ画面

❸登録したメールアドレスに届いたメールを確認し、メールアドレスを有効化します。
❹冒頭のトップページからサインインし、必要情報を入力します。

　Organization nameの設定は後から変更できるため、ここでは自由に設定してください（図2.3）。

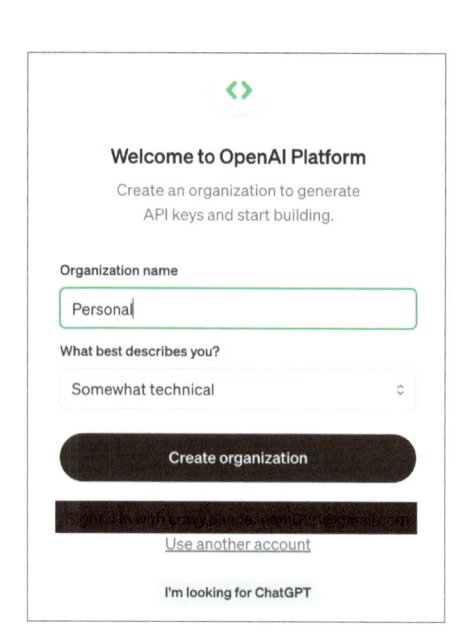

● 図2.3　組織情報の登録画面

　組織利用する場合は他の方を組織に追加することもできます。今回は個人利用を想定しているため、「I'll invite my team later」を押してスキップしましょう（図2.4）。

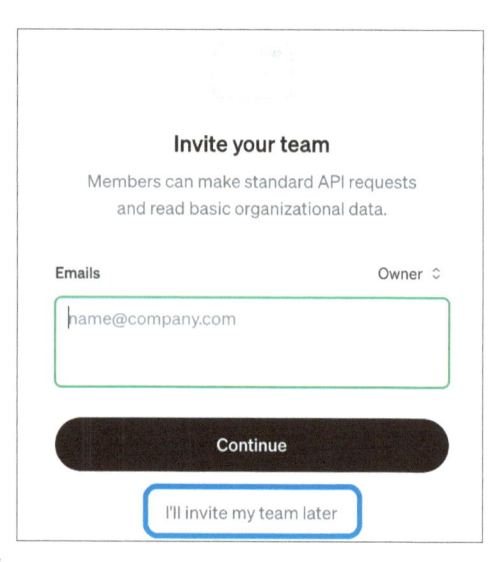

● 図2.4　他のユーザーを招待

続いてAPIキーの作成画面（図2.5左）やクレジット購入画面（図2.5右）が表示されますが、こちらについては後ほど別途設定します。ここでは「I'll do this later」、「I'll buy credits later」でスキップしましょう。

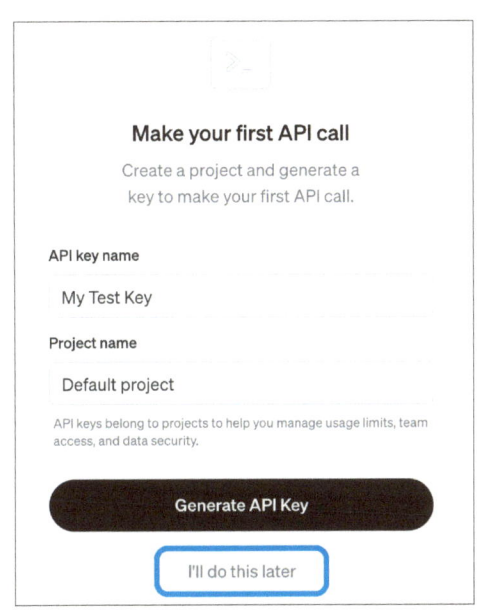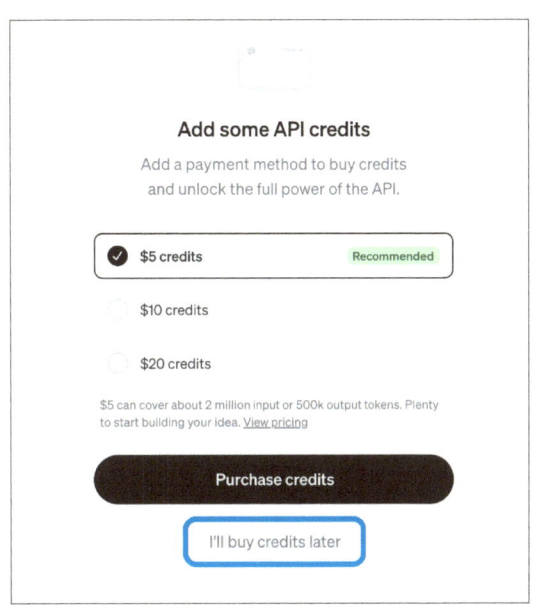

● 図2.5　APIキーの登録画面（左）とクレジットの購入画面（右）

アカウント作成後、OpenAIのダッシュボードなど各種サービスにアクセスできるようになります。

2.1.2 「支払い方法の登録」と「初期クレジットのチャージ」

APIを利用するにあたって、最初に支払い情報の登録と初期クレジットのチャージ（購入）を済ませておく必要があります。

❶右上（アカウントアイコン横）の歯車マークから「Organaization settings」ページに移動し、左のメニューから「Billing」を選択します。
❷「Add Payment Details」をクリックし、必要情報を登録します（図2.6）。

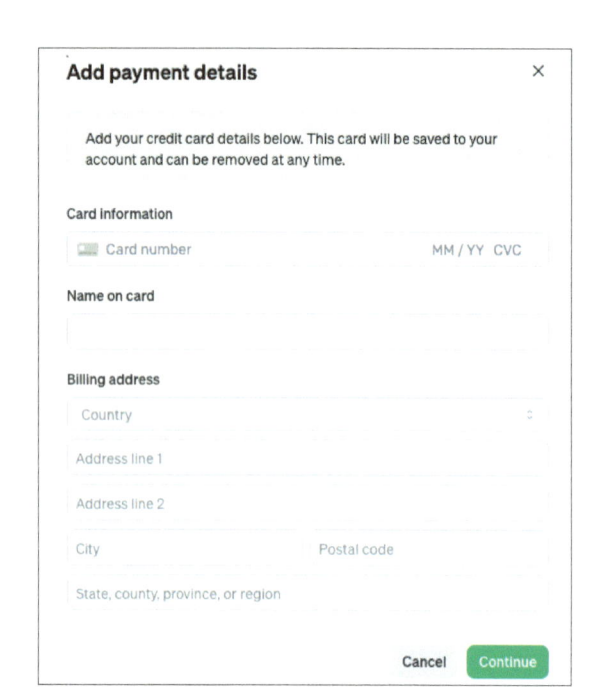

❸**登録後表示される「Configure payment」において、初期クレジットのチャージを行います。**

　クレジットカードの登録が完了すると、次に図2.7のような初期クレジットのチャージを行う画面が表示されます。デフォルトでは$10と入力されており（図2.7①）、$5〜$100の間で入力できます。ここで購入したクレジット分、APIを利用することができます。この本のコードをひととおり試すには、1ドル分のクレジットがあれば十分なことが多いです。後からBilling画面で追加の購入もできるので、はじめは少なめに購入するのがおすすめです。

　また、この画面にてクレジットを使い切った後に「自動的にチャージを行うか」を選択できます（図2.7②）。デフォルトではオンになっていますが、オンにしておくと思わぬ形で利用金額が膨らんでしまう可能性があります。そのためとくに理由がなければ、オフにしておくことをおすすめします。この設定はこのBilling画面から変更可能です。

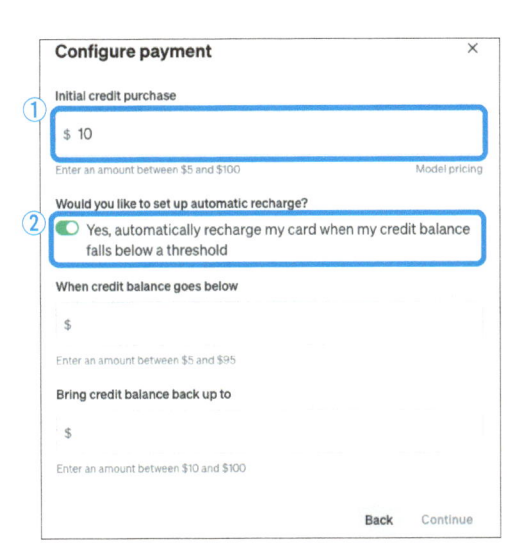

❹支払金額を確認し「Confirm payment」を押して、クレジットの購入は完了です（図2.8）。

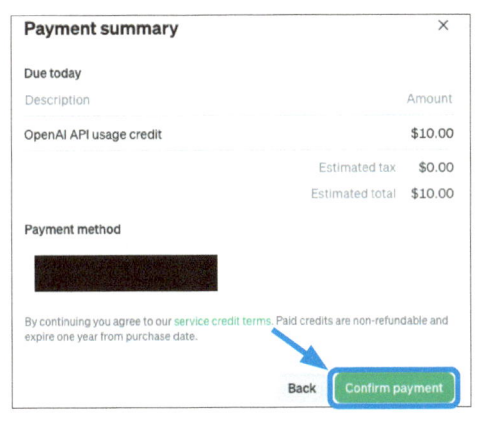

2.1.3　APIキーの発行

　APIキーは、プログラムからChatGPT APIにアクセスするための認証情報です。

　APIキーは漏洩すると他者に使用されてしまうリスクがあるので、設定後は適切に管理する必要があります。管理方法などについては、後ほど詳しく説明します。

　以下に、APIキーを発行するための手順を説明します。

❶OpenAIの開発者向けWebサイト[*2]にアクセスしログイン後、右上の「Dashboard」をクリック（図2.9）。

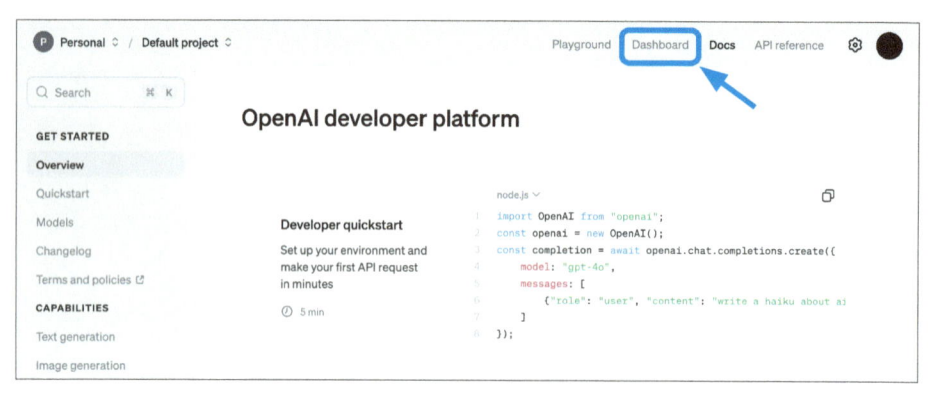

❷左側のメニューから「API keys」を選択し（図2.10①）、右上の「Create new secret key」ボタンをクリックします（図2.10②）。

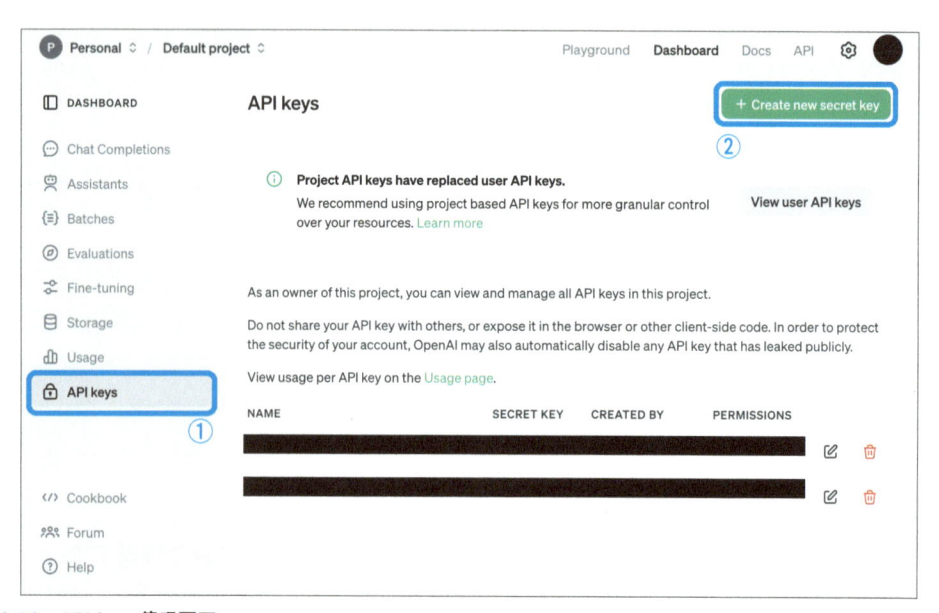

●図2.10　API keys 管理画面

＊2　https://platform.openai.com/

❸キーの説明を入力します（図2.11）。これは後で識別しやすくするためのもので、自由に設定可能です（「開発用キー」や「プロジェクトA用キー」、「ChatGPT APIのビジネス活用入門」など）。設定しないこともできます。Service Accountでの登録やProjectへの紐づけ、Permissionsを詳細に設定することも可能ですが、ここでは初期状態のままで問題ありません。

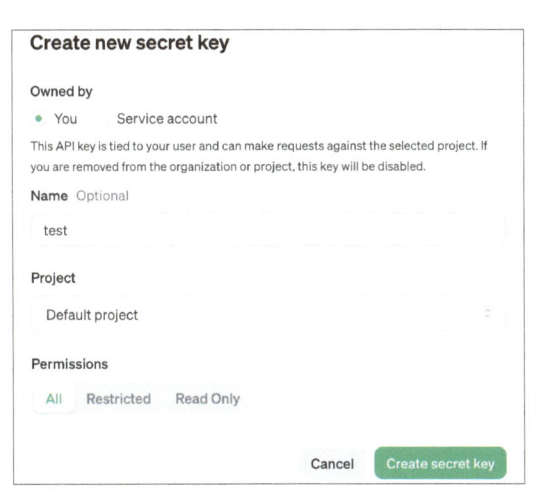

●図2.11　新規APIキー発行画面

❹入力できたら、「Create secret key」をクリックしキーを作成します。すると生成されたAPIキーが表示されます（図2.12）。このキーは一度しか表示されないので、安全な場所にコピーして保存しておきましょう。この後、このキーを用いて実際にAPIを使用していきます。

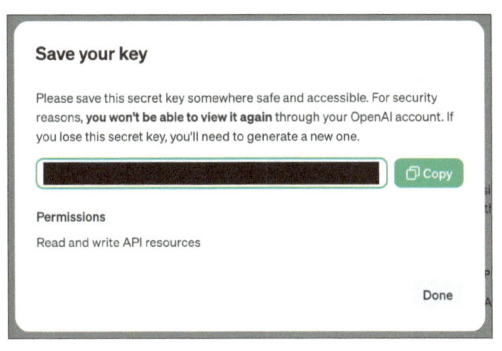

●図2.12　APIキー発行完了画面

APIを扱うときに気をつけること

　普段APIを使用したことがなく、使用する上でAPIキーの扱いや利用料金について不安に思う方も多いと思います。ここでは、API、主にChatGPT APIを扱う上で注意すべきことについて説明します。利用料金については1章にてすでに説明しているので、ここでは登録後の管理方法について紹介します。

APIキーの管理について

　APIキーは、そのキーを使うことで誰でもAPIを呼び出し実行することが可能になる、いわばIDやパスワードのような存在です。そのため意図せず他者にキーが知られてしまうと、知らないところであなたの登録情報を元にAPIを実行されてしまい、費用が発生してしまう危険性があります。

　そのためAPIキーについては、他者の目に触れないように管理する必要があります。その際に気をつけることは主に以下です。

❶APIキーは絶対に他人と共有しない

　APIキーは、他者と共有しないようにしましょう。APIキーを共有してしまうと、知らないうちに他人によってAPIが実行されてしまうことに繋がります。

❷APIキーはコードとは分けて管理する

　コード内でAPIキーをベタ打ちしてしまうと、コードを共有した際にキーも共有してしまうことがあります。キー自体は別ファイルなどコード自体と切り分けて管理することが一般的です。

　本書ではGoogle ColaboratoryというGoogleが提供するクラウド環境を利用しますが、Google Colaboratoryにはシークレット機能というキーを管理する機能が備わっています。シークレット機能の使い方については後述しますので、そちらを使ってキーを管理しましょう。

　また、APIキーを発行する際には利用目的ごとに異なるAPIキーを発行するとよいでしょう。そうすることで万一キーが漏洩しても被害を用途単位に限定できセキュリティが向上し、あわせて用途ごとの管理やアクセス制御も容易になります。

利用料金の管理について

　ChatGPT APIは従量課金制となっており、使ったtoken数によって料金がかかります。

2.1.2項にて説明した「初期クレジットのチャージ」にて自動チャージをオフにしていれば購入した金額以上使用されることはない（クレジットを使い切った場合はエラーとなります）ため心配は必要ありませんが、ここではより詳細に利用状況及び予算を管理する方法について紹介します。

　APIキー登録時にアクセスしたDashboardページにUsage[3]というタブがあります。ページ内の「View monthly bill for the whole organization」からAPIの利用状況およびコストの管理ができます（図2.13）。

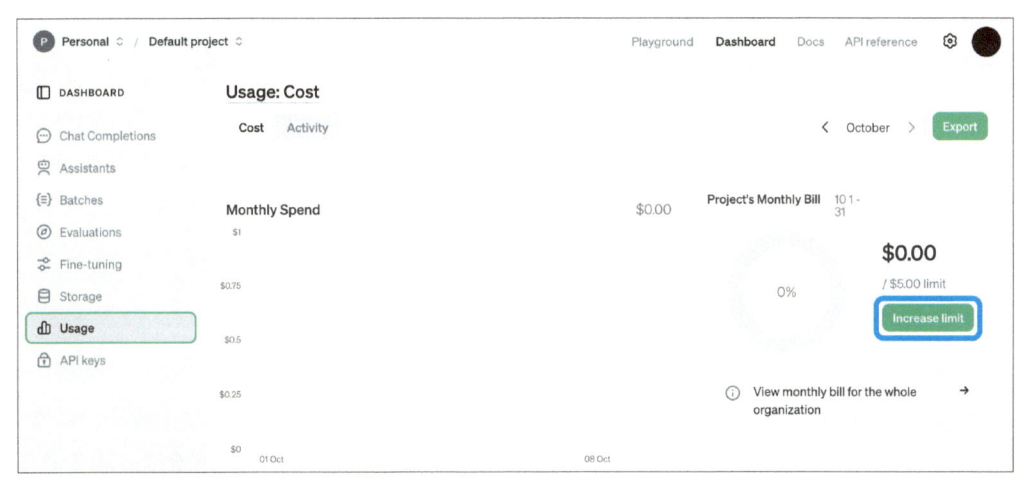

● 図2.13　API利用状況閲覧ダッシュボード

　ダッシュボード上の「Increase limit」ボタンをクリックすると、以下の2つを設定することができます。ご自身の予算感と相談しながら、設定してみてください。

- **Set a Budget Alert**：e-mailで通知を送ってくれる閾値を設定できます。デフォルトは$96.00で設定されています。
- **Enable Budget Limit**：月次の利用上限金額を指定できます。デフォルトでは$120.00で設定されています。登録直後は$120より大きい値に設定できないように制限されています。APIを利用していくとこの上限が緩和されていきます。

[3]　https://platform.openai.com/usage

これで、キーの発行は完了です。ここから、具体的なAPIの使い方について説明していきます。

ここからは、実際にChatGPT APIをPythonで使っていくにあたって必要な環境の構築や、ChatGPT APIについての説明に移ります。

2 . 2 . 1 Pythonとは

本書では、Pythonというプログラミング言語を使ってコーディングをしていくので、ChatGPT APIを使う前に、Pythonについて簡単に説明します。**Pythonは、人間が読みやすく書きやすいように設計されたプログラミング言語です。簡単な文法と豊富な機能を持ち、初心者からプロまで幅広く使われています**。データ分析、Web開発、人工知能など、さまざまな分野で活用されています。

「関数」とは？

プログラムを書く際、同じ処理を何度も行いたい場面が出てきます。たとえば、複数の名前に対して挨拶メッセージを作成したい場合、1回ごとに同じコードを何度も書くのは効率が悪く、間違いのもとにもなります。そこで**「関数」を使うと、特定の処理をまとめておき、必要なときに呼び出して使えるようになります**。

これは、同じ処理を何度も書く手間を省き、**コードを短く・読みやすくする**だけでなく、**修正が必要な場合に1箇所の変更で済むため、保守が簡単になる**というメリットがあります。

Pythonにおける関数の定義

Pythonでは、以下のようにdef文を使うことで「関数」を定義できます。

```
def 関数名(引数1, 引数2, ...):
    # 関数の本体
    # 処理内容
    return 出力値    # 必要に応じて
```

たとえば以下のような関数を作成し、入力した名前に対して挨拶を返す処理を定型化する

ことができます。このとき、入力する値である名前を、この関数の「引数」といいます。

```python
def greet(name):
    return f"こんにちは、{name}さん！"

# 関数の使用
message = greet("田中")
print(message)  # 出力：こんにちは、田中さん！
```

　一度関数を定義しておけば、以降たとえば別の人（斎藤さん、など）に対して出力をしたい場合でも greet("斎藤") と入力するだけで上の処理を実行できます。
　複雑な処理を繰り返すような場合はとくに、関数として定義しておくことでそのコードの記述が非常に楽になります。

- **Python はプログラミング言語である。**
- **Python においては、def 文を使うことで共通した処理を定形文化する「関数」を作ることができる。**

　これだけわかっていれば、本書でのPythonを使った処理は理解できます。
　以降では、Pythonによる記述が多く登場しますが、**基本的にはサポートサイト（本書冒頭の「はじめに」viiiページにQRコードを掲載しています）をコピーアンドペーストすることですべて実行できるようになっています**。コーディングが苦手な方でも、Pythonを使って出力結果を確認しながら手を動かすことができます。サポートサイトのコードを実行する場合は、すべてのコードセル（後述）を実行しましょう。

2.2.2　Google Colaboratory の設定方法

　Google Colaboratory（以下Colabとする）は、Pythonコードをブラウザ上で実行できるクラウドサービスです。ColabはGoogleアカウントさえあれば簡単にセットアップでき、誰でも無料で利用できます。利便性の観点から、本書ではColabを用いて解説していきます。

❶Googleアカウントの準備

　Colabを使用するには、Googleアカウントが必要です。お持ちでない場合は、Google公式サイトでアカウントを作成してください。

❷Colabへのアクセス

Web上で「Google Colab」と検索し、Colabのトップページ*4にアクセスします（図2.14）。

● 図2.14 　Colabのトップページ（ログイン前）

　すると、Welcome画面が表示されるので、画面右上の「ログイン」から自分のGoogleアカウントでログインします。ログイン後、「＋ノートブックを新規作成」をクリックしてノートブックを作成します（図2.15）。

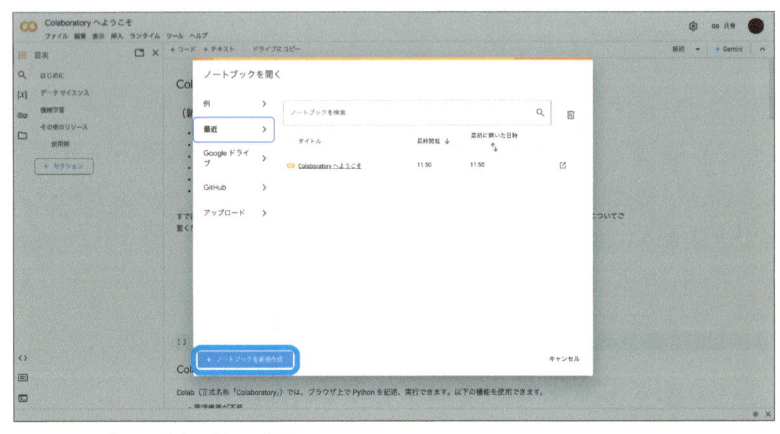

● 図2.15 　Colabのトップページ（ログイン後）

　「ノートブックを新規作成」をクリックすれば、ColabでPythonを使う準備が完了です（図2.16）。ファイル名は左上から自由に変更できるので、わかりやすい名前に変更しておきましょう。Colabのアップデート情報（リリースノート）が表示されることがありますが、とく

＊4 　https://colab.research.google.com/

に確認したいことがない場合は閉じて問題ありません。

Colabのノートブックは、Google Driveから新規作成することも可能です。ご自身の MyDrive[*5]から「＋新規」をクリックし、「その他」の中から「Google Colaboratory」を選択することで作成できます（図2.17）。Google Colaboratoryがない場合は「＋アプリを追加」からGoogle Colaboratoryを検索し、インストールしてください[*6]。

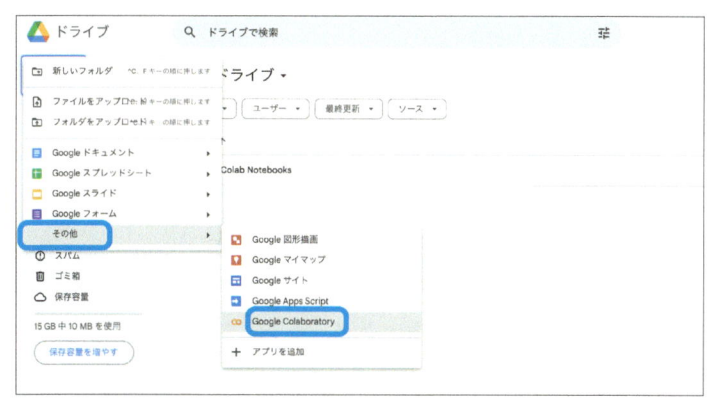

● 図2.17　Google Drive上での新規Colabファイルの作成

作成したノートブックは定期的に自動でGoogle Driveに保存されます。もしすぐに保存したい場合は、左上の「ファイル」メニューから「保存」を選択することで保存することも可

[*5]　https://drive.google.com/drive/my-drive
[*6]　所属組織のGoogleの設定により、できない場合があります。

能です。

Colabの基本：Colabを構成する2つのタイプのセル

　Colabには、コードセルとテキストセルの2種類のセルタイプがあります。コードセル（図2.18）は、Pythonコードを入力し実行する場所です。「＋ コード」ボタンで新しいコードセルを追加できます。テキストセル（図2.19）はマークダウン形式[7]で説明文を書ける場所で、仕様などの情報を自由に記載できます。「＋ テキスト」ボタンで追加できます。

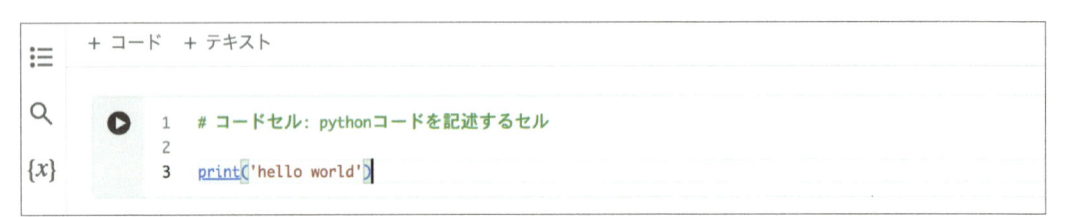

```
1  # コードセル: pythonコードを記述するセル
2
3  print('hello world')
```

● 図2.18　コードセルの例

```
# テキストセル
マークダウン方式で記述できる
```

テキストセル

マークダウン方式で記述できる

● 図2.19　テキストセルの例

　その他の操作方法や機能については、公式ドキュメント[8]などを参照してください。

　試しにコードセルを実行してみましょう。本項冒頭で紹介したgreet関数を実行するには、コードセルにコードを入力した上でコードセル左上の実行ボタンをクリックします（図2.20）。するとコードセル下に「こんにちは，田中さん！」と実行結果が表示されます。

　Colabではコードセルの実行結果が一定時間保持されますが、しばらく時間が経つと実行結果が消えてしまいます。その場合は、改めてコードセルを実行する必要がある点に気をつけてください。

＊7　文章を簡単な記号で装飾（見出しや太字など）したり構造化したりするための記法です。たとえば、#を文頭に付けると見出しになり、**で囲むと太字にできます。

＊8　https://colab.research.google.com/notebooks/basic_features_overview.ipynb

```
 1  def greet(name):
 2      return f"こんにちは, {name}さん！"
 3
 4  # 関数の使用
 5  message = greet("田中")
 6  print(message)
```

こんにちは, 田中さん！

● 図2.20　greet関数の実行

　以上で、Pythonを実行する環境が整いました。ここから、具体的な使い方について説明していきます。

2.2.3　Pythonを使ってChatGPT APIをColab上で使用する

ColabにAPIキーを登録する

　前述の通りAPIキーは機密情報であるため、コード内に直接記述するのではなく別の方法で管理することが望ましいです。Colabには、「シークレット」機能というものがあり、それを使うことでAPIキーを安全に管理できます。以下に手順を説明します。

❶シークレットの作成

　Colabのノートブックを開き、左側のメニューの鍵マークをクリックし、「シークレット」タブを選択します（図2.21①）。「新しいシークレットを追加」をクリックします（図2.21②）。

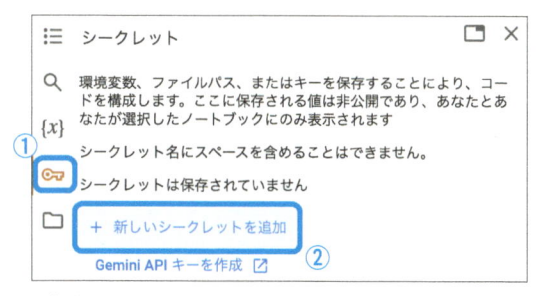

● 図2.21　Colabのシークレット機能

❷APIキーの登録

　「名前」欄に「CHATGPT_API_KEY」と入力します（図2.22①）。「値」欄に、図2.12にて取得しコピーして保存しておいたOpenAIのAPIキーを貼り付けます（図2.22②）。APIキーは長いので、完全にコピペされているかきちんと確認してください。ここで間違うと、こ

の後の操作がすべてエラーになってしまいます。「ノートブックからのアクセス」を有効にします（図2.22③）。

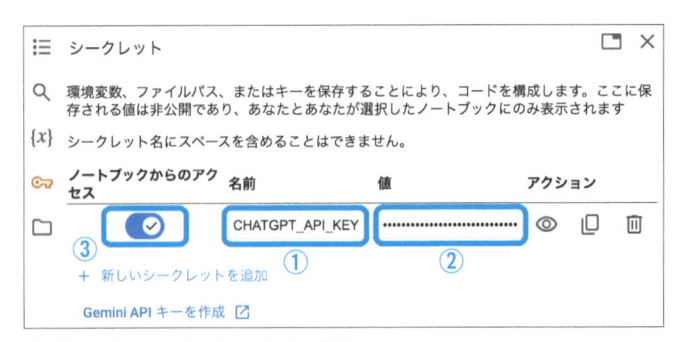

● 図2.22　シークレット機能にCHATGPT_API_KEYを登録

　これで、APIキーをColab上に保存できました。以降はここで保存したキーの情報を呼び出すことで、コード上にキー情報をベタ打ちせずにAPIキーを取得できます。Pythonでは次のように、「userdata.get（'シークレットにて保存したキーの名称'）」とすることで保存したAPIキーを取得できます。実際の使い方については2.2.4項にて説明するため、ここでは実行する必要はありません。

```python
from google.colab import userdata

# APIキーを取得
api_key = userdata.get('CHATGPT_API_KEY')
```

　上記のようにキーを登録しておくことで、同一アカウントで新規ノートブックを作成した際も新しくキー登録をすることなく同様の手順で呼び出すことが可能になります。またColabを共有する際に登録したキー情報は共有されないので、コードを編集しなくてもキー情報を漏洩することなくファイルを共有できます。

2.2.4　ChatGPT APIの使い方

ChatGPT APIを使用するためのライブラリのインストール

　PythonでChatGPT APIを使用するには、OpenAIに関するライブラリであるopenaiを使用します。このライブラリを使用するためには、以下のコードを実行し最初にインストールする必要があります。このインストールはColabのノートブックごとに必要になります。以

降の章においてサンプルコードを実行する際にも、必要なライブラリのインストールは初めに行う必要があります。

```
!pip install openai
```

　実行すると「Requirement」から始まる文が表示され、正常に終了すればインストールが完了です。これで、ColabでOpenAIに関するライブラリが使用可能になりました。

ライブラリとは

ライブラリとは、事前に開発された機能をまとめて利用可能にする便利なまとまりのことです。これらを呼び出すことで、少ないコーディングで簡単に便利な機能が使えます。
ライブラリを利用するためには自身の環境に事前にインストールしておくことが必要です。ColabにはPythonでよく使用する基本的なライブラリが事前にインストールされていますが、openaiライブラリのようにインストールが必要なものもあります。インストールした上でimport文で事前に読み込むことで、自身のコード内で利用可能になります。

ChatGPT APIを使うためのPythonでの記述方法（get_gpt_response関数）

　まず、結論である「実際にChatGPT APIを使用してテキスト生成を行う際の一連の流れを関数化したget_gpt_responseという関数」を紹介します。**この関数は本書のすべての章で繰り返し利用するので、この中身をしっかり理解しておきましょう。**

```python
import openai
from google.colab import userdata

def get_gpt_response(system_message, user_message, model="gpt-4o-mini",
temperature=0):
    """
    ChatGPT APIを使用してテキストレスポンスを取得する関数

    Args:
    system_message (str): システムメッセージ
```

```python
    user_message (str): ユーザーメッセージ
    model(srt): 使用するモデル
    temperature (float): デフォルトは0

    Returns:
    str: APIからの応答テキスト
    """
    # APIキーを取得
    api_key = userdata.get('CHATGPT_API_KEY')

    # OpenAIクライアントを作成
    client = openai.OpenAI(api_key=api_key)

    # メッセージを構築
    messages = [
        {"role": "system", "content": system_message},
        {"role": "user", "content": user_message}
    ]

    # APIリクエストを送信
    response = client.chat.completions.create(
        model=model,
        messages=messages,
        temperature=temperature
    )

    return response.choices[0].message.content
```

　このコードを実行することで、関数を定義できます。この関数で行っている処理の簡単な流れは以下の通りです。

❶APIキーを用いてOpenAIクライアントを作成
❷回答に必要な情報を指定
  ● メッセージ（質問・命令内容）
  ● 使用するモデル
  ● パラメータ
❸回答内容の取得

それぞれについて、簡単に紹介します。

1. API キーを用いて OpenAI クライアントを作成

まず、作成した API キーを Python コード上で取得します。キーの取得には userdata というライブラリを使用します。これは、Colab 上でシークレット機能上に登録した情報を取得するためのライブラリです。

その後、取得した API キーを使って OpenAI クライアントを作成します。

```python
from google.colab import userdata

# API キーを取得
api_key = userdata.get('CHATGPT_API_KEY')

# OpenAI クライアントを作成
client = openai.OpenAI(api_key=api_key)
```

 クライアントとは

クライアントは、プログラムと外部サービス（ここでは OpenAI）を繋ぐためのものです。クライアントを介してプログラム上での指示を API（ここでは ChatGPT API）が分かる形に変換したり、API の応答をプログラム上で利用可能な形に変換します。

クライアントを作成することで、裏で行われている認証や通信など複雑な処理を気にすることなくシンプルに API を利用することができます。外部サービスを使う際の「便利ツール」のように思っていただければ問題ありません。

2. 回答に必要な情報を指定

ChatGPT API から回答を取得するには、❶メッセージ（指示文）、❷利用するモデルの名称、❸返答内容を調整するパラメータを指定する必要があります。以下でそれぞれ説明します。

❶ メッセージの構築

ChatGPT API に与える具体的なメッセージ内容を、messages として以下のように与えます。messages は LLM に与える指示文（プロンプト）になり、ChatGPT などでいう入力文に当たります。

```
# メッセージを構築
messages = [
    {"role": "system", "content": system_message},
    {"role": "user", "content": user_message}
]
```

messagesは下記の通り、主にsystem_messageとuser_messageの2つの情報を持ちます。以下にそれぞれを説明します。

- **system_message**：LLMの役割や動作を定義する指示です。たとえば、「あなたはプロのビジネスアシスタントです。議事録を簡潔かつ要点を押さえた形で要約してください」のように記述します。
- **user_message**：ユーザーからの具体的な質問や指示です。たとえば、要約したい具体的な議事録などの文章や詳細な要件などを記述します。

❷ **使用するモデルの指定**

1章で紹介したように、ChatGPT APIには利用できるモデルがいくつかあります。ChatGPT APIで回答を得るためには、どのモデルを使うのかを指定する必要があります。

get_gpt_response関数ではモデルの指定を関数の引数にて行っており、デフォルトでは"gpt-4o-mini"というモデル（2025年2月時点でOpenAIが提供するモデルにおいて、コストと精度のバランスが優れたモデル）を指定しています[*9]。

```
model="gpt-4o-mini"
```

❸ **パラメータの設定**

ChatGPT APIにはその応答の性質を調整できるいくつかのパラメータが存在します。パラメータとは、APIやプログラムに対して、どのように動作してほしいかを指示するための情報です。

このパラメータを調整すると、同じmessageの内容でも特性の異なった回答内容が得られ

[*9] 実行する時点によって最適なモデルは異なりますのでOpenAIの公式情報を確認の上、モデルを選択してください。本書に記載された出力は、基本的にはGPT-4o miniを選択した場合の出力なので、違うモデルを選択した場合、出力結果が大きく異なる可能性があります。モデルに応じてプロンプトを調整して試してみてください。

ます。ここでは、代表的なパラメータである temperature について簡単に紹介します。詳しくは公式ドキュメント[10]を参照してください。

temperature は生成されるテキストのランダム性や創造性を制御するパラメータです。実際に API を使うとき、もっとも調整することが多いパラメータの一つです。回答の自由度を調整するパラメータだと覚えてください。

値は0.0〜2.0の間で指定し、0に近いほどより一貫性のある出力に、高い値（1以上）だとよりランダムで創造的な出力が得られる傾向にあります。事実に基づいた回答や、特定のフォーマットに従った出力を求める場合は低い値を、ブレインストーミングや創造的な返答が欲しい場合は高い値を設定することが多いです。

たとえば、以下のようなプロンプトで得られる回答内容の違いを見てみましょう。

```python
# プロンプトの指定
system_message = "あなたは詩人です"
user_message = "今の気分を20文字程度の詩で表現してください"
```

図2.23 では、上の同じプロンプトを使用し、異なる temperature（temperature = 0、1）でそれぞれ5件ずつ出力しています。左が temperature = 0、右は temperature = 1 の出力例です。

temperature = 0 での回答例（5件）

1. 秋風に揺れる葉の舞、
   心も軽く、夢を追う。

2. 秋風に揺れる葉の舞、
   心も軽く、夢を追う。

3. 秋風に揺れる葉の舞、
   心も軽く、夢を追う。

4. 秋風に揺れる葉の舞、
   心も軽く、夢を追う。

5. 秋風に揺れる葉の舞、
   心も軽く、夢を追う。

temperature = 1 での回答例（5件）

1. 秋風に舞う葉のよう
   心も自由に漂う

2. 静かな夜に、星がささやく
   心の奥、夢が舞う。

3. 朝の光、心に舞う
   静かな風、優しさ満ち

4. 秋風が舞い、心は揺れる
   色づく葉に、思いを託して。

5. 風に揺れる木の葉、
   心も静かに揺れ動く。

● 図2.23 temperature の違いによる回答の変化

＊10 https://platform.openai.com/docs/api-reference/chat/create

temperature ＝ 0の場合は同一の出力が出ているのに対し、temperature ＝ 1の出力はそれぞれの言葉遣いや使用している単語の自由度が高いことが見て取れるかと思います。temperature ＝ 0の場合でも出力に多少のブレが生じることはありますが、temperatureが高いほど回答内容がばらつく傾向があります。

3. 回答内容の取得

最後に、設定した情報を元に得られた回答を取得します。以下のようにAPIに対して回答を得るためのリクエストを送ります。

```python
# APIリクエストを送信
response = client.chat.completions.create(
    model=model,
    messages=messages,
    temperature=temperature
)
```

リクエストの結果の回答内容は、上のコード2行目のresponseに格納されます。

responseの中にはさまざまな情報が含まれます。responseの中から具体的な自然言語での応答内容（ChatGPTのような回答内容）を取得したい場合は、以下のように記述します。

```python
response.choices[0].message.content
```

このコードは、responseの中にあるchoicesの中のmessageの中から、contentの内容を取得しています。responseの中身についての詳細は後述の「さらにChatGPT APIの理解を深めるために」にて詳しく紹介していますので、興味のある方はそちらを参照してみてください。

2.2.5　関数を実際に使ってみる

前述のメッセージおよびtemperatureを指定して関数を実行することで、ChatGPT APIから回答を得ることができます。

たとえば以下のようにメッセージおよびtemperatureを指定して関数を実行してみます。

```
system_message = "あなたは優秀なマーケターです。"
user_message = "マーケティングにおいて大切なことを３つ、教えてください。"

response = get_gpt_response(
    system_message
    user_message
    temperature=0
)

print(response)
```

　このコードを実行すると、以下のようにChatGPTを使用したときのような返答を得ることができます。

マーケティングにおいて大切なことは以下の３つです。

1. **顧客理解**：
   顧客のニーズ、欲求、行動を深く理解することが重要です。ターゲット市場を特定し、

これらの要素を意識することで、効果的なマーケティング戦略を構築し、顧客との良好な関係を築くことができます。

　以上が、PythonでChatGPT APIを用いたテキスト生成を行う方法の基本的な説明です。以降の章ではこのget_gpt_response関数を使って実際の業務でAPIを活用する具体的な方法を紹介していきます。
　場所によっては発展的な内容も含みますが、まずはサポートサイトに掲載しているコードを実行しながらどのようにChatGPT APIを使えるのかを確かめていきましょう。

- **より API からの回答内容をカスタマイズする**：temperature 以外にも、ChatGPT 利用時に設定できるさまざまなパラメータがあります。次ページの「さらに ChatGPT API の理解を深めるために」の内容や公式ドキュメントなどで、それらについても確認してみましょう。実際にパラメータを変えながら出力内容の変化を確かめてみると、より理解が深まります。
- **API やその応答内容についての理解を深める**：次ページの「さらに ChatGPT API の理解を深めるために」でも紹介するように、リクエストの結果である response は、実際の回答内容以外にもさまざまな内容を含んでいます。finish_reason などの情報を使用することでより高度な自動化を行う際にエラー処理を追加したり、logprobs の情報を確認することで LLM が文脈に応じて文章生成を行っていく過程を確認したりすることができます。

これだけは覚えたい！基本ポイント

- ChatGPT API を使うには自分用の「API キー」を発行する必要がある。
- Python で「関数」を定義することで、繰り返し同じような処理をする場合にシンプルなコードで記述できるようになる。
- get_gpt_response 関数で system_message と user_message を指定することで、ChatGPT と同じようなテキストでの回答を得ることができる。

さらにChatGPT APIの理解を深めるために

　2章では、基本的なChatGPT APIの使い方について説明しました。ここではさらに理解を深めたい方向けに、ChatGPT APIに関連する発展的な内容を2点紹介します。

temperature以外のパラメータ

　ChatGPT APIを使う際には、前に紹介したtemperature以外にも指定できるパラメータがあります。表B.1は、そのうち主要なものをまとめたものです。

■ 表B.1　temperature以外のパラメータ

パラメータ	概要	指定時に気をつけること
max_completion_tokens	LLMが生成するテキストの最大長を指定するパラメータです。1〜モデルの最大token数（モデルによって異なる）で指定します。日本語の場合は1文字が0.5〜3token程度です。	・応答の切れを防ぐ max_completion_tokensが低すぎると、出力が途中で切れる可能性があります。とくに長い文章や複雑な説明が必要な場合は注意が必要です。 ・コストの最適化 max_completion_tokensを設定しなかったり極端に大きく設定すると、必要以上に長い応答が生成されてコストが増加する可能性があります。タスクに応じた適切な値を設定することが重要です。
top_p	LLMがテキストを生成する際にどれくらい「自由に選ぶか」を決めるパラメータです。temperatureの代替として使用されることがあります。0〜1の間を取り、高いほど多様な、低いほど事実に基づいた確実性の高い返答になります。temperatureが答えの「ランダムさ」をコントロールするのに対して、top_pは答えの「範囲」を絞り込むしくみです。つまり、候補を確率が高い順に並べた際に「この中から選ぼう」と候補を限定します。値を小さくすると狭い範囲から答えが選ばれるイメージです。	・精度と創造性のバランス top_pを1に近づけるとより多様な出力が得られ、創造的なアイデアを生成できますが、逆に不正確な回答や冗長な内容も増えやすくなります。回答内容に求める多様性のバランスを考えながら値を設定しましょう。 ・temperatureとのバランス top_pとtemperatureは同時に使用しないことが推奨されています。片方を使用する際にはもう一方をデフォルト値（どちらも1）に戻すことを推奨します。
n	LLMが生成する選択肢の数を指定するパラメータです。	・コストの最適化 生成されたすべての選択肢が費用の対象となるため、必要時以外はデフォルト値の1を利用することを推奨します。

frequency_penalty	同じ単語や文章の繰り返しを減らすためのパラメータです。−2〜2を取り、高いほど繰り返しにくくなります。	・繰り返しの防止 frequency_penaltyが高すぎると、同じ内容が不自然に避けられすぎ、結果として一貫性のない出力になることがあります。通常、−1〜1の範囲で調整し、とくに繰り返しを避けたい場合にのみ2を使います。 ・キーワードの強調 特定のキーワードを強調して出力させたい場合には低めの値を設定すると、同じ単語が繰り返し使用されるようになります。

　これらのパラメータを調整することで、より目的に合った回答を得ることができるようになります。これらのパラメータを関数の引数に追加したget_gpt_response関数は以下です。

　以降の章で使用しているget_gpt_response関数は、37ページのものとどちらを使用しても問題なく実行できますが、必要に応じてパラメータを変更し、どのように回答が変化するのか試してみてください。

```python
import openai
from google.colab import userdata

def get_gpt_response(system_message, user_message, model="gpt-4o-
mini", temperature=0, max_completion_tokens=1000, top_p=1,
frequency_penalty=0):
    # APIキーを取得
    api_key = userdata.get('CHATGPT_API_KEY')

    # OpenAIクライアントを作成
    client = openai.OpenAI(api_key=api_key)

    # メッセージを構築
    messages = [
        {"role": "system", "content": system_message},
        {"role": "user", "content": user_message}
    ]
    # APIリクエストを送信
    response = client.chat.completions.create(
```

```
            model=model,
            messages=messages,
            temperature=temperature,
            max_completion_tokens=max_completion_tokens,
            top_p=top_p,
            frequency_penalty=frequency_penalty
        )

        return response.choices[0].message.content
```

　ここで紹介した以外のパラメータもあります。さらに詳細を知りたい方は、公式ドキュメント[*11]を確認してみてください。

ChatGPT API を使用して得られる回答内容の詳細

　ChatGPT API を使用した際に得られる回答（**response**）は、2.2.5項で紹介したテキストでの回答以外にも詳細な情報を持ちます。以下にその詳細を記載します。

　以下のように API に対してリクエストを送ると **response** が取得できると説明しました。

```
# APIリクエストを送信
response = client.chat.completions.create(
    model="gpt-4o-mini",
    # メッセージを構築
    messages = [
        {"role": "system", "content": system_message},
        {"role": "user", "content": user_message}
    ],
    temperature=0
)
```

　上記を実行すると ChatGPT API から回答が得られ、その内容が **response** に格納されます。実際に 2.2.5項で紹介した応答内容について **response** の中身をすべて確認してみましょう。次のコードを実行することで、**response** の中身を出力できます。

[*11]　https://platform.openai.com/docs/api-reference/chat/create

```python
print(response)
```

responseは、**ChatCompletion**から始まる以下のような内容で構成されています（見やすいように改行を加え、ID情報などを含む内容は改変しています）。

```
ChatCompletion(
    id='chatcmpl-XXXXXXXXXXXXXXXXXXXXXXXXXXXXXX',
    choices=[
        Choice(
            finish_reason='stop',
            index=0,
            logprobs=None,
            message=ChatCompletionMessage(
                content=(
                    'マーケティングにおいて大切なことは以下の3つです。\

                    これらの要素を意識することで、より効果的なマーケティング戦略を構
                    築することができます。'
                ),
                refusal=None,
                role='assistant',
                function_call=None,
                tool_calls=None
            )
        )
    ],
    created=xxxxxxxxxx,
    model='gpt-4o-mini-2024-xx-xx',
    object='chat.completion',
    service_tier=None,
    system_fingerprint='fp_xxxxxxxxx',
    usage=CompletionUsage(
        completion_tokens=xxx,
        prompt_tokens=xx,
```

```
        total_tokens=xxx,
        completion_tokens_details=CompletionTokensDetails(
            audio_tokens=None,
            reasoning_tokens=xxx
        ),
        prompt_tokens_details=PromptTokensDetails(
            audio_tokens=None,
            cached_tokens=xxx
        )
    )
)
```

　この中から具体的なテキストでの応答内容のみを取得したい場合は、get_gpt_response 関数で指定したように実際の回答内容が含まれる choices の中から response.choices[0].message.content と指定することで取得できます。回答には色々な情報が含まれるため一見複雑ですが、基本的にはテキストでの応答内容のみを扱うため、その他の情報について詳細に把握しなくても問題なく ChatGPT API を利用することができます。

　表B.2 は、それぞれの簡単な説明です。本内容は執筆時点のものであり内容が変わっている場合があるため、詳細は公式ドキュメント[*12]を参照してください。

＊12　https://platform.openai.com/docs/api-reference/chat/object

項目	説明
`id`	各APIリクエストの回答ごとに与えられる固有の識別子です。
`choices`	生成されたテキストとその関連情報です。 ・`finish_reason` 終了した理由です。`stop`となっている場合は、正常にAPIリクエストに対する応答が完了したことを示します。指定された最大token数に達して終了した場合は、`length`となります。 ・`index` 回答それぞれに割り当てられる番号です。とくに指定していない場合は回答は1つのみ返ってくるため0になります。 ・`logprobs` モデルが各token（単語や文字の一部など）を生成する際の確率に関する情報を表示します。あるtokenが生成される「確からしさ」を表しますが、デフォルトではこの機能はオフとなっているため情報はなく、`None`となっています。 ・`message` 実際に生成されたテキストメッセージに関する情報です。`content`は実際に生成されたテキスト内容を、`role`はメッセージの作成者の役割（モデルの回答の場合は`assistant`）を示します。その他にも`refusal`（モデルが回答を拒否した場合のみ拒否メッセージを返す）や`function_call`（モデルが関数を呼び出したりツールを使用した場合の詳細）といった情報も含みます。
`created`	回答が生成された時刻です（UNIXタイムスタンプで表示されます）。
`model`	使用されたモデルの名前です（例：「gpt-4」「gpt-3.5-turbo」など）。
`object`	回答のタイプを示します。`"chat.completion"`は、テキスト生成を行っていることを示します。
`system_fingerprint`	モデルが実行される裏側の環境の設定を識別するための固有の識別子です。APIが使用するシステムのバージョンや環境設定を追跡できるので、結果の一貫性やシステム変更の影響を確認する際に使用できます。
`usage`	使用したtokenに関する情報です。`completion_tokens`は回答内容の、`prompt_tokens`は入力プロンプトの、`total_tokens`はその両方の合計使用token数です。その他にも詳細な内容が含まれます。

情報収集と競合分析で調査を楽にしよう

キーワード

戦略立案・検索自動化・要約

時短・コスト削減目安

1 か 月 あ た り 8 時 間

競合の動向を追うのが大変です。全部手動だと時間がかかりすぎちゃって……。

情報収集だけで1日終わることもあるし、そこから分析するのも手間だよね。

とくにデータの質が安定しないのが問題で、指標を抽出するのも毎回大変なんです。

自動化されたプロセスで効率的に競合分析を行って、マーケティング戦略の立案自体に時間をかけられるようにしましょう！

　競合調査は、市場の理解や差別化戦略の策定、顧客ニーズの把握、マーケティング戦略の最適化をする上で必要不可欠です。マーケティング戦略を考える上で重要な要素を以下に3つ挙げます。

市場の理解

- どのような製品やサービスが提供されているのか、価格帯はどうか、どのようなマーケティング手法が使用されているのかといった市場全体の状況を知ることができます。

差別化戦略

- 競合他社の強みと弱みを把握することで、自社の製品やサービスの差別化ポイントを見つけることができます。

マーケティング戦略の最適化

● 競合他社のマーケティング戦略を分析することで、効果的なマーケティング手法やチャネルを特定し、自社の戦略に反映させることができます。

　今回は「**情報の要約**」、「**情報の収集**」、「収集したものを要約」の3つに分けて最終的に競合調査をAPIを使って自動化してみましょう。

この 章 で で き る こ と

- 文章の自動要約
- データ収集の自動化
- 競合分析の自動化
- 戦略立案の効率化

■ 3.1 ■ 情報を要約しよう

　ChatGPTの登場からしばらく経ちますが、今現在でもChatGPTが一番使われているシーンの一つは情報の要約です。雑多で膨大な利用規約や仕様書を読むことは骨の折れる作業ですよね。自分にとって必要のない部分や冗長に感じる部分を省いて、重要なポイントを要約することで、内容の把握に掛かる時間を削減し、より効果的に日々の業務を遂行することができます。

　ChatGPTでも要約を行うことができますが、毎回ドキュメントをコピペして「要約してください」と指示を出す必要があります。しかし、**ChatGPT APIを利用すれば、自分好みの要約方法を別々のドキュメントに簡単に適用したり、複数のドキュメントを同時に要約することができます**。業務で要約タスクを行う際には、APIを使うことで時間の短縮ができます。

　まずは前章までに説明したChatGPT APIとGoogle Colaboratory、そして長めのドキュメント（議事録の殴り書きや音声の文字起こしなど）を用意しましょう。今回は以下の議事録を用います。

司会者（山田）： みなさん、お集まりいただきありがとうございます。今日は新製品の発売計画について話し合います。まず、マーケティングチームから最新の進捗報告をお願いします。

マーケティング担当（田中）： 現在、オンラインキャンペーンの準備は順調です。SNS広告やインフルエンサーマーケティングに注力しており、主要なインフルエンサーとの契約も完了しました。プロモーション動画も来週には完成予定です。

販売担当（佐藤）： 実店舗での販売戦略も進めています。とくに、大手スーパーA社とは専用の陳列スペースを確保しました。地方市場では、まだ実店舗での購買が主流なので、その部分も強化していく必要があります。

商品開発担当（鈴木）： 地方市場に向けた商品ラインナップの調整も進めています。地方の消費者は、実際に商品を手に取ってから購入する傾向が強いです。出荷スケジュールも最終段階に入っており、来月にはすべての販売拠点に商品が届く予定です。

山田： ありがとうございます。次に、販売チャネルについてさらに詳しく話し合いましょう。オンラインとオフラインのバランスをどう取るかが重要です。

田中： 私はオンラインの比重を高めるべきだと考えます。多くの消費者、とくに若年層はオンラインで製品を購入しており、SNSを活用したキャンペーンがもっとも効果的です。

佐藤： それも一理ありますが、実際には高齢者層や地方の消費者はまだ実店舗を重視しています。オフラインでの体験や購買プロセスを無視することはできません。地域の小売店との連携を強化する必要があると思います。

鈴木： 佐藤さんに同感です。地方では、実際に商品を手に取って確認することが購買に結びつきやすいです。オフラインのチャネルも非常に重要だと感じています。

山田： みなさん、意見ありがとうございます。オンラインとオフライン、どちらも重要であり、それぞれにメリットがありますね。最終的に、両方のチャネルをバランスよく活用する戦略で進める方向で一致しているように思います。次回の会議で、具体的な配分についてさらに詰めていきましょう。本日はこれで終了です。ありがとうございました。

　まずは2章の通りGoogle Colaboratoryで`!pip install openai`を実行し、ChatGPT APIの下準備をします。要約の生成には2章で定義した`get_gpt_response`関数を利用します。共通関数を定義するコードをあらかじめ実行したうえで読み進めてください。

　それでは要約を自動化する上での基本コードを元に進めていきます。

```
# systemロールとuserロールの定義
system_message_for_gen_summary = """(全体の文脈やトーン、目的)"""
user_message_for_gen_summary = """(具体的な質問や指示)"""
```

```
# 2章で定義した関数でChatGPT APIリクエストを送信する
response = get_gpt_response(
    system_message=system_message_for_gen_summary,
    user_message=user_message_for_gen_summary
)

# 結果を出力
print(response)
```

　このコードではsystemロール（LLMの振る舞いや回答の仕方を制御するための設定や指示を提供する役割）とuserロール（LLMとの対話においてユーザーが果たす役割や立場を提供する役割）にはまだ具体的な内容が入っていませんが、ここに議事録を入れ込んだり、要約させる命令をします。

systemロール

　systemロールではどのように回答させたいかを定義します。ここに記入するものによって出力のフォーマットが変わります。たとえば以下のサンプルであれば簡潔に要点をまとめるだけでなく、誰が発言したかまで出力するよう指示しています。

```
system_message_for_gen_summary = """あなたはプロのビジネスアシスタントです。議事録を簡潔
かつ要点を押さえた形で要約してください。以下の要件を守ってください：
    1．主な議題とその結論を明確に記載すること。
    2．重要な発言や決定事項を抜粋すること。
    3．各セクションを箇条書き形式でまとめること。
    4．無駄な情報や冗長な部分は省くこと。
    5．誰が発言したかを簡潔に示すこと。"""
```

userロール

　userロールには実際の議事録をコピペで貼り付けて、要約させるための命令を書きます。

```
user_message_for_gen_summary = """以下の議事録を要約してください：

## 議事録
司会者（山田）：みなさん、お集まりいただきありがとうございます。今日は新製品の発売計画について話し合
います。まず、マーケティングチームから最新の進捗報告をお願いします。

"""
```

これらをまとめて実際に動くコードを記述します。

```
# systemロールとuserロールの定義
system_message_for_gen_summary = """あなたはプロのビジネスアシスタントです。議事録を簡潔
かつ要点を押さえた形で要約してください。以下の要件を守ってください：
    1. 主な議題とその結論を明確に記載すること。
    2. 重要な発言や決定事項を抜粋すること。
    3. 各セクションを箇条書き形式でまとめること。
    4. 無駄な情報や冗長な部分は省くこと。
    5. 誰が発言したかを簡潔に示すこと。"""

user_message_for_gen_summary = """以下の議事録を要約してください：

## 議事録
司会者（山田）：みなさん、お集まりいただきありがとうございます。今日は新製品の発売計画について話し合
います。まず、マーケティングチームから最新の進捗報告をお願いします。

"""

# 2章で定義した関数でChatGPT APIリクエストを送信する
response = get_gpt_response(
    system_message=system_message_for_gen_summary,
    user_message=user_message_for_gen_summary
)
# 結果を出力
print(response)
```

筆者の手元では、次のようなレスポンスが返ってきました。

議事録要約

主な議題
- 新製品の発売計画について

結論
- オンラインとオフラインの販売チャネルをバランスよく活用する戦略で進める。

重要な発言・決定事項
- **マーケティング担当（田中）**
  - オンラインキャンペーンの準備が順調。
  - SNS広告とインフルエンサーとの契約完了。
  - プロモーション動画は来週完成予定。

- **販売担当（佐藤）**
  - 大手スーパーA社との専用陳列スペース確保。
  - 地方市場での実店舗販売強化が必要。

- **商品開発担当（鈴木）**
  - 地方市場向けの商品ラインナップ調整中。
  - 出荷スケジュールは最終段階、来月には全販売拠点に商品到着予定。

- **販売チャネルについての意見**
  - **田中**：オンライン比重を高めるべき。
  - **佐藤**：高齢者層や地方消費者は実店舗重視。地域小売店との連携強化が必要。
  - **鈴木**：地方では実物確認が購買に結びつきやすい。オフラインチャネルも重要。

次回の予定
- 次回会議で具体的な販売チャネルの配分について検討。

　この章にかかわらず大切にしてほしいことは、とりあえずプロンプトを自分なりに改変して実行してみることです。 プロンプトの変更内容に応じて出力結果がどのように変わるのかを検証してみると、自分が意図する結果を引き出しやすくなり、LLMがどんなものなのかの解像度が高くなってくるはずです。

　試しにsystemロールの「3. 各セクションを箇条書き形式でまとめること」を消して出力させてみると、少し出力が変わるかと思います。

LLMでの要約はおおよそできるようになったのではないでしょうか。

　LLMを活用した要約技術は、議事録の要約だけでなくさまざまなビジネスシーンで有効です。他にも、雑多で膨大な情報、報告書・仕様書・利用規約、メール、調査結果の要約についてサポートサイトで紹介します。これにより、幅広い業務効率化の可能性が見出せるはずです。

3.2　情報を収集しよう

3.2.1　情報ソースの種類

ここではよく使われる情報ソースを4つ紹介します。

● **Web サイト**

　Webスクレイピングのほか、GoogleのCustom Search JSON API[1]やDuckDuckGo[2]の検索API。

> **GoogleのCustom Search JSON API・DuckDuckGo APIとは**
>
> どちらも、情報を簡単に検索して取得できる機能を、APIとして自分のサービスに導入できるものです。
> ● **GoogleのCustom Search JSON API**：Googleの検索機能を自分のWebサイトやアプリに組み込むためのツールです。
> ● **DuckDuckGo API**：DuckDuckGoの検索エンジンから情報を取得するためのツールです。

● **ソーシャルメディア**

　X（旧Twitter）[3]、Instagram[4]、YouTube[5]のAPI。

● **業界レポートとホワイトペーパー**

　業界団体や政府機関、研究機関が公開しているレポートやホワイトペーパー。

[1]　https://developers.google.com/custom-search/v1/overview?hl=ja
[2]　https://duckduckgo.com/
[3]　https://developer.x.com/ja/docs
[4]　https://developers.facebook.com/products/instagram/apis/
[5]　https://developers.google.com/youtube/v3?hl=ja

- **顧客レビューとフィードバック**

  Amazonのレビューやフィードバック収集プラットフォームのほか、Googleフォームなど。

 情報収集を行う上での注意点

著作権で保護されているコンテンツや個人情報、機密情報を許可なしに使うことは禁止されており、著作権侵害やプライバシー侵害にあたります。事前に法律や規約を確認し、データを収集・利用するようにしてください。

3.2.2 e-Stat APIを使用したデータ収集

それでは実際に情報収集をしてみましょう。今回は日本政府が提供する統計データを集めたポータルサイトであるe-Statを用います。

 e-Statとは

e-Statは、日本政府が運営する統計情報ポータルサイトです。各種統計データを一元的に提供しています。総務省統計局をはじめ、各省庁が実施した国勢調査や経済統計、人口動態、労働統計など、幅広い分野の最新データや過去データを誰でも無料で閲覧・ダウンロードすることができます。データはExcelやCSV形式で取得可能なため、ビジネス分析や研究、政策立案などさまざまな用途に活用されています。また、APIの提供もあり、データ取得を自動化して活用することができます。

e-Stat APIのセットアップ手順

まずはe-StatでAPIキーを取得するまでの手順を示します。

❶e-Statの公式サイト[*6]にアクセス
❷ユーザー登録：サイトにユーザー登録を行い、ログインします。
❸APIキーの申請：ログイン後、マイページに移動し、APIキーの発行申請を行います。
「API機能(アプリケーションID発行)」ページから「API機能」タブを選択します (図3.1)。

[*6] https://www.e-stat.go.jp/

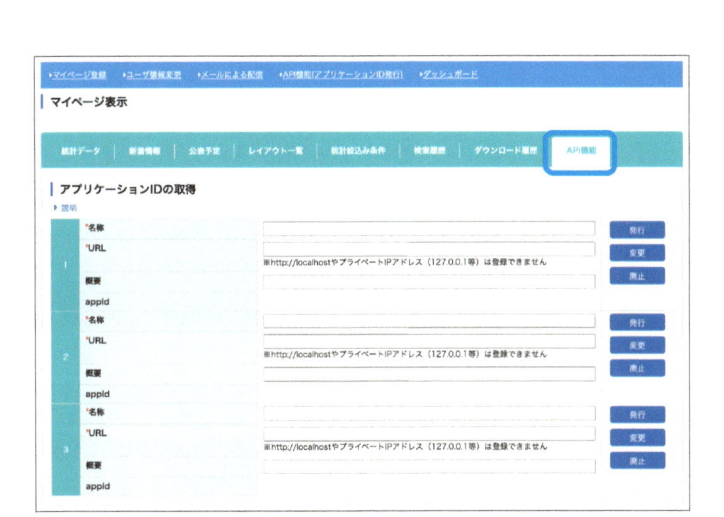

● 図3.1 「API機能（アプリケーションID発行）」ページの「API機能」タブ

　次にアプリケーションID（appId）を発行します。入力欄（図3.2）に下記の通り入力します。

● 名称：ご自身で区別のつく名前をご自由につけてください。
● URL：「http://test.localhost/」を入力してください。
● 概要：ご自身でご自由に記入してください。

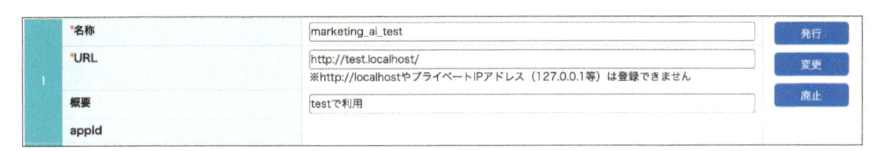

● 図3.2 アプリケーションIDの取得のための入力欄

　「発行」ボタンを押すと後ほど説明するAPI利用に必要なappIdが発行されるので、コピーしておきましょう（図3.3）。

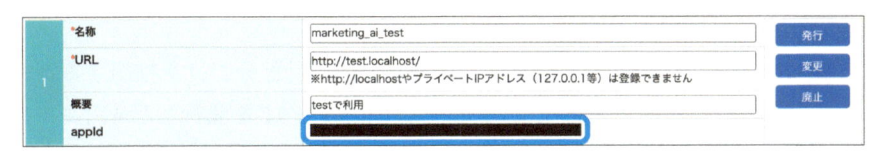

● 図3.3 アプリケーションIDの発行

e-Statのデータの取得方法

　APIキーが発行できたら、まずは以下のコードの**YOUR_ESTAT_APP_ID**を発行したAPIキーに書きかえてそのまま実行してみてください。e-Stat APIだけの実行には料金はかかりません。このコードでは「人口推計 各年10月1日現在人口 令和2年国勢調査基準 参考表[*7]」の統計データIDを使って、2023年10月1日現在の人口推計のデータを取得します。

```python
import requests

# e-Stat APIの設定
API_URL = 'https://api.e-stat.go.jp/rest/3.0/app/json/getStatsData'
APP_ID = 'YOUR_ESTAT_APP_ID'  # e-StatのアプリケーションID
PARAMS = {
    'appId': APP_ID,
    'statsDataId': '0004012960',  # 人口推計のデータID
}

# APIからデータを取得
response = requests.get(API_URL, params=PARAMS)
data = response.json()

print(data)
```

　これを実行してみるとたくさんの文字列（JSON形式の文字列）が返ってきます。

 JSONとは？

JSON（ジェイソン）は、データを整理してわかりやすく書くためのフォーマットです。たとえば、住所録を整理するときに、名前・住所・電話番号などの情報をきちんと決まった形で書くようなイメージです。JSONは情報をコンピュータが簡単に読める形にしていて、とくにインターネットでデータをやり取りするときによく使われています。

　一見して何のデータか分かりにくいので、必要な人口推計部分だけを抽出するコードを追記します。実行する際は先ほどと同様に**YOUR_ESTAT_APP_ID**を発行したAPIキーに書き換えることを忘れないでください。

[*7]　https://www.e-stat.go.jp/dbview?sid=0004012960

```
import requests
import pandas as pd

# e-Stat APIの設定

data = response.json()

# データの整形 (必要な部分だけ抽出)
values = data['GET_STATS_DATA']['STATISTICAL_DATA']['DATA_INF']['VALUE']
df = pd.DataFrame(values)

print(df)
```

e-Statのデータベースに格納されている人口推計の生のデータが表形式で表示されます。

 pandasとは？

pandas（パンダス）は、Pythonというプログラミング言語で使われる便利なライブラリの一つで、とくにデータを扱うときによく使います。たとえば、Excelで表を使ってデータを整理するのと同じように、pandasを使えばPythonでデータを表のように扱うことができます。これにより、データを計算したり、特定の部分だけを取り出して分析するのが簡単になります。

 DataFrame（データフレーム）とは？

pandasの中でよく使われる「データフレーム」は、Excelの表と同じようなものです。行と列があって、データを見やすく整理することができます。データフレームを使うと、たとえばデータの一部を取り出したり、平均値を計算したりするなど、データを分析する作業がとても簡単になります。

今回はe-Stat APIを使ってデータの取得をしましたが、e-Statでは手作業で統計データをダウンロードしてくることもできます。

e-Statのサイトの「統計データを探す」からデータを探します。自分が欲しいデータを見つけたら、右上にダウンロードボタンが用意されているので、ここから直接ファイルをダウンロードできます（図3.4）[8]。

---

[8] 詳しい方法は総務省統計局の公式YouTubeを参照してください。https://www.youtube.com/watch?v=ETC4aALShPE

● 図3.4　e-Statのデータ閲覧ページ

3.2.3　データの要約と分析

　先ほどのコードで表形式のデータを取得できたので、ここからはこのデータを我々が文字として解釈できるようにLLMに要約させてみます。

　以下のコードではデータのすべてを読み込ませていますが、必要に応じて不要なデータを削除して読み込ませるとより効率的です。YOUR_ESTAT_APP_IDをe-Statで発行したAPIキーに書きかえて実行してください。

```python
import requests
import pandas as pd
import openai

# e-Stat APIの設定

df = pd.DataFrame(values)

# systemロールとuserロールの定義
system_message_for_gen_summary = """あなたのタスクは与えられたデータに対して日本語で概要
を説明することです。"""

user_message_for_gen_summary = f"""次のデータは、日本の2023年の男女別人口の総人口、日本
人人口、外国人人口を表で示したものです。
```

```
データに観察される傾向の詳細な説明、および重要な変化の潜在的な理由を教えてください。

## データの説明
{df.describe()}

## データの詳細
{df.head()}
"""

# 2章で定義した関数でChatGPT APIリクエストを送信する
response = get_gpt_response(
    system_message=system_message_for_gen_summary,
    user_message=user_message_for_gen_summary
)
# 結果を出力
print(response)
```

実行すると、以下のようなレスポンスが返ってきます。

```
与えられたデータに基づいて、以下のような示唆を出すことができます。

### 傾向の詳細な説明
1. **全体的な人口減少**:
    - データから観察されるように、全体的に人口が減少している傾向があります。たとえば、2022年の人口
が124,946,789人であったのに対し、2023年には124,351,877人に減少しています。

2. **カテゴリごとの変動**:

### 重要な変化の潜在的な理由
1. **出生率の低下**:
    - 日本では長年にわたり出生率が低下しており、これが人口減少の主要な要因の一つと考えられます。

これらの要因が組み合わさって、全体的な人口減少の傾向が見られると考えられます。
```

　このように自動でデータを収集し、日本語でLLMに解釈させることで、日本の人口推計について簡単に要点を把握することができます。

発展版として、以下のようなコードを書くとキーワードだけで取得したいデータを見つけることができます。こちらのコードも YOUR_ESTAT_APP_ID を e-Stat で発行した API キーに書きかえて実行します。

```python
import requests
import json

# e-Stat APIの設定
API_URL_SEARCH = 'https://api.e-stat.go.jp/rest/3.0/app/json/getStatsList'
APP_ID = 'YOUR_ESTAT_APP_ID'  # e-StatのアプリケーションID
PARAMS_SEARCH = {
    'appId': APP_ID,
    'surveyYears': '2023',  # 調査年（例として2023年）
    'searchWord': '人口推計',  # 検索ワード（例として「人口」）
    'dataType': 'L'
}

# APIから統計表IDを取得
response_search = requests.get(API_URL_SEARCH, params=PARAMS_SEARCH)
data_search = response_search.json()

# レスポンス全体を表示して利用可能な統計表IDを確認
print(json.dumps(data_search, indent=2, ensure_ascii=False))

# 統計表IDのリストを抽出
stat_ids = [item['@id'] for item in data_search['GET_STATS_LIST']
['DATALIST_INF']['TABLE_INF']]
print("統計表IDのリストを抽出")
print(stat_ids)
```

コードを実行すると ID のリストが出力されます。たとえばこれを 1 つ取って、「https://www.e-stat.go.jp/dbview?sid=ID」の ID の部分に入れてブラウザで表示すると該当する e-Stat のページが表示されます。

3.2.4 サイトコンテンツの収集と要約

先ほどは e-Stat を用いたデータ収集方法を紹介しましたが、民間のデータや Web 上の情報を収集したい場合は Google の「Custom Search JSON API」という検索を自動化する API を

==使用するのも一つの手です。==

　ここではCustom Search JSON APIを使って特定のキーワード（「Python プログラミング」など）からWebサイトのリンクを取得する方法を紹介します。

　このAPIを使った検索は月に100件までは無料で、月額で費用を支払うとより多く検索をすることが可能です。無料枠を超えた場合でも、1,000クエリあたり5ドルという料金体系になっています。

1. Google Cloud Platform でプロジェクトを作成

❶Google Cloud Platform[*9]にアクセスし、Googleアカウントでログインします。

　はじめての場合は利用規約への同意を求められるので、問題なければ同意して続行してください。

❷「プロジェクトの選択」から「新しいプロジェクト」をクリックします（図3.5）。

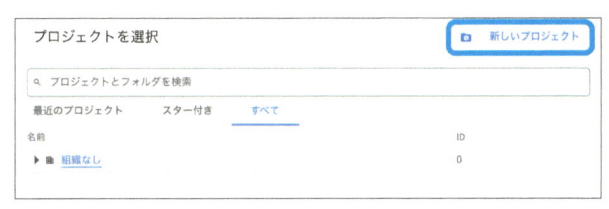

● 図3.5　「新しいプロジェクト」をクリック

プロジェクト名を命名してもよいですが、そのままでも構いません。「作成」をクリックします（図3.6）。10秒程度待つとプロジェクトの作成が完了します。

● 図3.6　新しいプロジェクトの作成

＊9　https://console.cloud.google.com/

Google Cloud Platformでのプロジェクトを作成する上の注意点

Google Cloud Platform (GCP) でプロジェクトを作成する際、通常は個人のGoogleアカウントを使用することをおすすめします。個人アカウントであれば、特別な制約なくプロジェクトを作成できます。

ただし、会社のGoogle Workspaceアカウントを使用する場合、管理者の設定によりプロジェクト作成が制限されていることがあります。この場合、以下のいずれかの方法をお試しください。

1. 個人アカウントを利用する（推奨）

個人アカウントでログインして作業を進めてください。制約なくスムーズにプロジェクトを作成できます。

2. 管理者に確認する

管理者にプロジェクト作成の許可を依頼する必要がある場合があります。

2. Custom Search API の有効化

❶ホーム画面左上の三重線のナビゲーションメニューから作成したプロジェクトのダッシュボードで「APIとサービス」をクリックします（図3.7）。

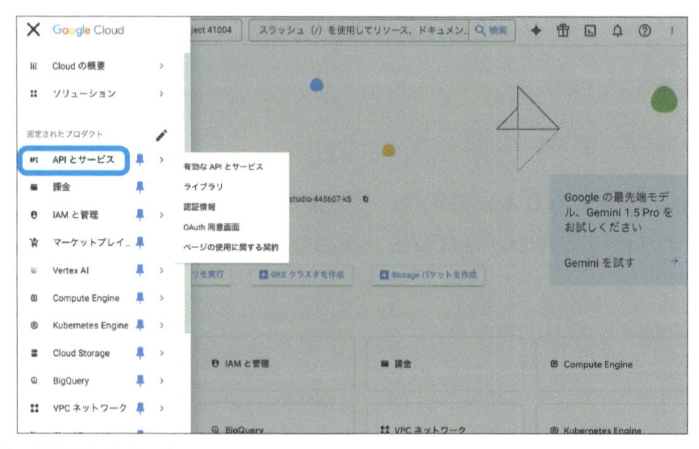

● 図3.7 「APIとサービス」をクリック

❷「このページを表示するには、プロジェクトを選択してください」という表記が出るので、「プロジェクトの選択」から先ほど作成したプロジェクトを選択してください。その後「APIとサービスを有効にする」をクリックします（図3.8）。

● 図 3.8　「API とサービスを有効にする」をクリック

❸検索窓で「Custom Search」と入力し（図 3.9）、「Custom Search API」を選択します（図 3.10）。

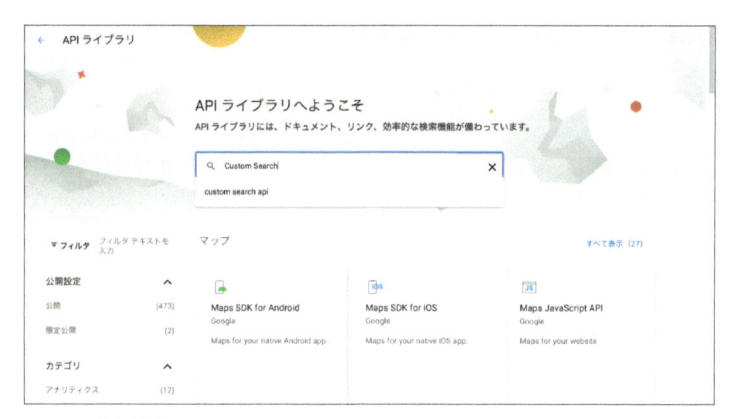

● 図 3.9　「Custom Search」を検索

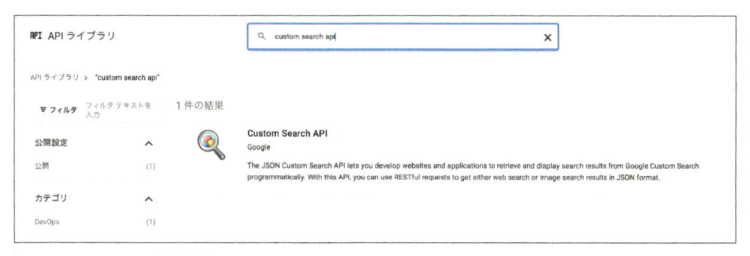

● 図 3.10　「Custom Search API」を選択

❹「有効にする」をクリックしてAPIを有効化します。しばらくするとCustom Search APIの
APIサービスの詳細画面（図3.11）に自動的に移動します。

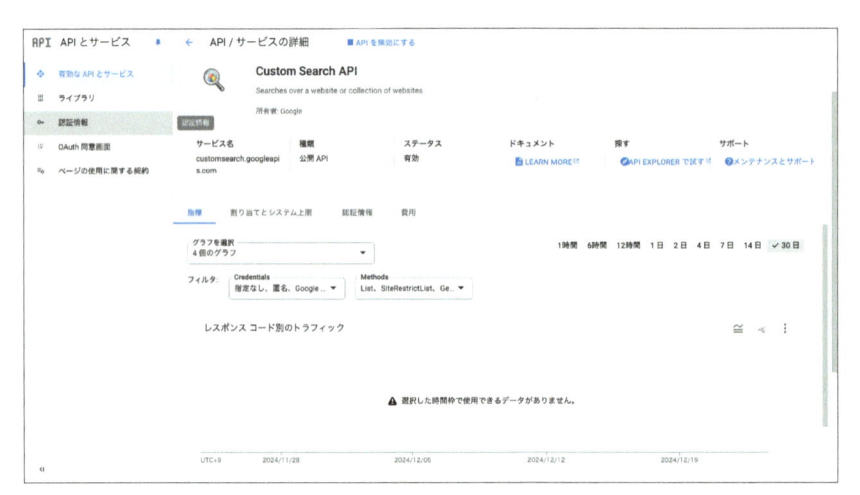

● 図3.11　Custom Search APIのAPIサービスの詳細画面

3. APIキーの取得

❶「認証情報」タブに移動し、「認証情報を作成」をクリックします（図3.12）。

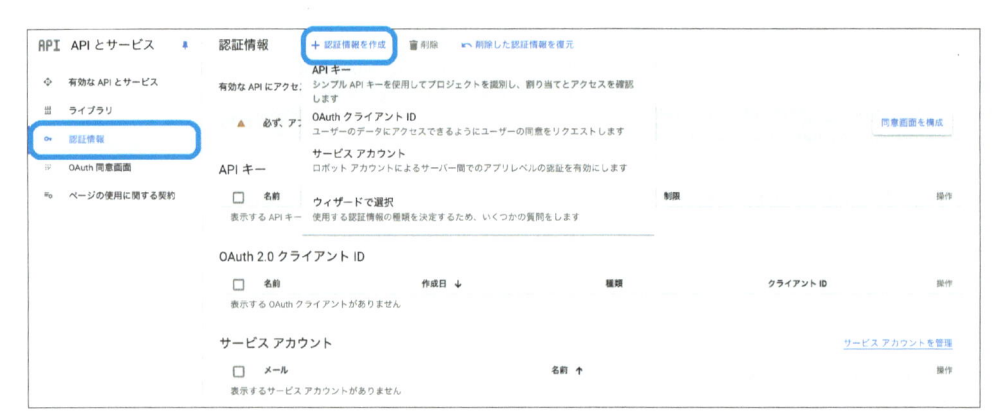

● 図3.12　認証情報を作成

❷「APIキー」を選択します。
❸作成されたAPIキーをコピーしておきます（図3.13）。

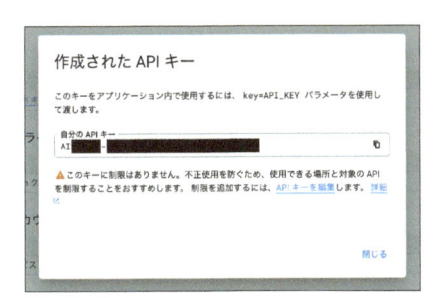

● 図 3.13　作成された API キー

4. プログラム可能検索エンジンの作成

❶Programmable Search Engine[*10] のコントロールパネルにアクセスします。

❷「追加」から新しい検索エンジンを作成します（図3.14）。

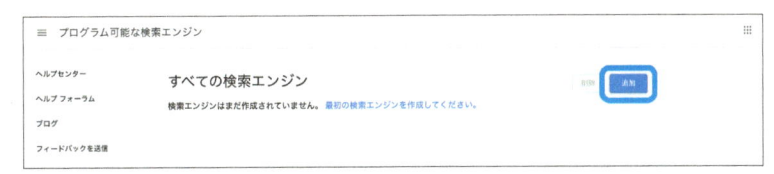

● 図 3.14　新しい検索エンジンの作成

❸設定画面で「ウェブ全体を検索」をオンにします（図3.15）。検索エンジンの名前は自由
に設定してください。

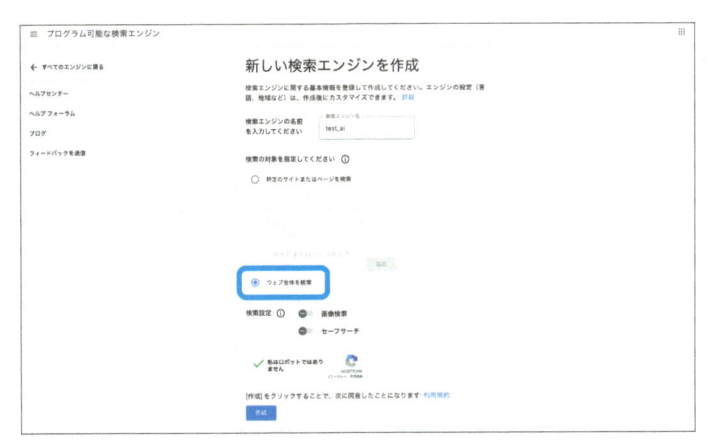

● 図 3.15　「ウェブ全体を検索」をオン

＊10　https://cse.google.com/cse/all

❹作成を押したあと、検索エンジンID（cx）をメモしておきます。黒塗りの「cx=」より後の部分です（図3.16）。

● 図3.16　作成された検索エンジンID

　最後に、2章35ページで行ったようにAPIキーと検索エンジンIDを「シークレット」に登録します。35ページと同様のやり方で、Custom Search APIのAPIキーを「CUSTOM_SEARCH_API_KEY」、検索エンジンIDを「SEARCH_ENGINE_ID」として登録してください。以上のセットアップが完了したら、次のようにPythonコードでCustom Search APIを呼び出すことができます。

```python
# GoogleのAPIをPythonから操作するためのライブラリをインストール
!pip install google-api-python-client -q
# googleapiclient.discoveryモジュールからbuild関数をインポート
from googleapiclient.discovery import build

# Custom Search APIのAPIキーをシークレットから呼び出す
api_key = userdata.get('CUSTOM_SEARCH_API_KEY')
# 作成した検索エンジンIDをシークレットから呼び出す
search_engine_id = userdata.get('SEARCH_ENGINE_ID')

# 検索キーワードを設定
query = "Python プログラミング"

# Custom Search APIのサービスオブジェクトを作成
service = build("customsearch", "v1", developerKey=api_key)

# 検索を実行し、結果を取得
```

```python
res = service.cse().list(
    q=query,
    cx=search_engine_id,
    num=3,      # 取得件数
    gl="jp",  # 日本の検索結果
    hl="ja"   # 日本語のインターフェース
).execute()

# 取得した検索結果から、URLのみ取り出してリストに格納
urls = []
for item in res.get("items", []):
    urls.append(item["link"])

# 取得したURL一覧を表示
for url in urls:
    print(url)
```

これを Google Colaboratory 上で実行すると、URL のリストが表示されたはずです。

```
https://aaa.aaa.aaa.aaa
https://bbb.bbb.bbb.bbb
https://ccc.ccc.ccc.ccc
```

　この表示されたリストの URL がそれぞれ、著作権やプライバシーやサービス規約上で問題がないことを確認できたら、次はこの URL の中身を取得するコードを書きます。先ほど出力された URL のリストを貼り付けて実行してください。

```python
!pip install bs4
import requests
from bs4 import BeautifulSoup

# URLのリスト
urls = [
    'https://aaa.aaa.aaa.aaa',
```

```
    'https://bbb.bbb.bbb.bbb',
    'https://ccc.ccc.ccc.ccc'
]

# 各URLからテキストコンテンツを取得
for url in urls:
    response = requests.get(url)
    response.encoding = response.apparent_encoding   # 文字化け対策

    if response.status_code == 200:
        soup = BeautifulSoup(response.text, 'html.parser')
        text_content = soup.get_text(strip=True)   # テキストコンテンツのみ抽出
        print(f"Content from {url}:\n{text_content}\n")
    else:
        print(f"Failed to retrieve content from {url}. Status code:
{response.status_code}")
```

実行するとサイトのテキストコンテンツが出力されたと思います。

3.2.5 検索結果の自動化と要約の応用

このサイトコンテンツを利用して3.1節で紹介したGPTでの要約を実行すれば、特定のキーワードに基づいたWeb情報を要約した生成物が出力されます。これらすべてのコードを繋げたものは次のようになります。

以下のコードでは自動でURLを取得するような作りになっていますが、途中でサイトコンテンツを利用してよいサイトかどうかを確認する関数を挟んでいます。ここでサイトの利用規約を確認し、利用してよいかどうかを確認してからコードの実行を完了するようにしてください。

```
# ライブラリのインストール
!pip install bs4
!pip install google-api-python-client
!pip install openai

from openai import OpenAI
from google.colab import userdata
```

```python
import requests
from bs4 import BeautifulSoup
from googleapiclient.discovery import build

# Custom Search APIのAPIをシークレットから呼び出す
api_key = userdata.get('CUSTOM_SEARCH_API_KEY')
# 作成した検索エンジンIDをシークレットから呼び出す
search_engine_id = userdata.get('SEARCH_ENGINE_ID')

# 検索キーワードを設定
query = "Python プログラミング"

# Custom Search APIのサービスオブジェクトを作成
service = build("customsearch", "v1", developerKey=api_key)

# 検索を実行し、結果を取得
res = service.cse().list(
    q=query,
    cx=search_engine_id,
    num=3,    # 取得件数
    gl="jp",  # 日本の検索結果
    hl="ja"   # 日本語のインターフェース
).execute()

# 取得した検索結果から、URLのみ取り出してリストに格納
urls = []
for item in res.get("items", []):
    urls.append(item["link"])

# Webサイトコンテンツを格納する変数
text_content_list = ""

# サイトコンテンツを利用してよいサイトかどうかを確認する関数
def confirm_scraping_permission(url):
    response = input(f"このURLをスクレイピングしてもよろしいですか？ {url} (y/n): ")
    return response.lower() == 'y'

# 各URLからテキストコンテンツを取得し利用してよいサイトかを確認する
for url in urls:
```

```
    if confirm_scraping_permission(url):
        response = requests.get(url)
        if response.status_code == 200:
            soup = BeautifulSoup(response.content, "html.parser")
            text_content = soup.get_text()
            text_content_list += text_content + "\n\n"
    else:
        print(f"スクレイピングが許可されていないURLです：{url}")


# systemロールとuserロールの定義
system_message_for_gen_summary = """あなたはプロのビジネスアシスタントです。与えられたWeb
サイトコンテンツを簡潔かつ要点を押さえた形で要約してください。以下の要件を守ってください：
    1．主なエッセンスとその内容を明確に記載すること。
    2．各セクションを簡条書き形式でまとめること。
    3．無駄な情報や冗長な部分は省くこと。"""


user_message_for_gen_summary = f"""以下のWebサイトコンテンツを要約してください：

## Webサイトコンテンツ
{text_content_list}
"""


# 2章で定義した関数でChatGPT APIリクエストを送信する
response = get_gpt_response(
    system_message=system_message_for_gen_summary,
    user_message=user_message_for_gen_summary
)


# 結果を出力
print(response)
```

　図3.17のように「y（yes）」「n（no）」で確認され、問題ないことを確認して「y」を入れてEnterを押すと要約が生成されたはずです。

```
# 2章で定義した関数でOpenAIのAPIリクエストを送信する
response = get_openai_response(
    system_message = system_message_for_gen_summary,
    user_message = user_message_for_gen_summary
)
print(response)
```
```
... Requirement already satisfied: bs4 in /usr/local/lib/python3.10/dist-packages (0.0.2)
    Requirement already satisfied: beautifulsoup4 in /usr/local/lib/python3.10/dist-packages (from bs4) (4.12.3)
    Requirement already satisfied: soupsieve>1.2 in /usr/local/lib/python3.10/dist-packages (from beautifulsoup4->bs4) (2.6)
    ['https://                              ']
    このURLをスクレイピングしてもよろしいですか？ https://                        (y/n):
```

● 図3.17　Webコンテンツ利用の前の確認

　これで一気に特定のキーワードから出力されるようになりました。ただし、出力された結果はすべてが正確な情報であるとは限りません。**ヒューマン・イン・ザ・ループ**（後述）の**元で生成結果を利用するようにしましょう。**

3.3　競合調査をしよう

　さて、検索の方法とその要約の方法を習得できるようになると API を使った競合調査の実践的な使い方が可能になります。本章の冒頭で説明したように、「**市場の理解**」「**差別化戦略**」「**マーケティング戦略の最適化**」を実際に自動化してみましょう。

3.3.1　市場の理解

　まずは市場の理解です。自分があるフィットネスジムのマーケティング担当者だとしましょう（図3.18）。

● 図3.18　人気のフィットネスジムを比較してみよう

　先ほどの3.2.5項のコードの検索キーワードを以下のように変えて実行してみましょう。

```
#  検索キーワード
query = "フィットネスジム 市場規模"
```

　すると、フィットネスジムの市場規模の要約が出力されたはずです。

　日本の直近の年度のフィットネス市場の規模や過去数年間の推移が金額で表示されているでしょう。他にもさまざまな情報が載っており、これを読むだけでその業界の市場に関する情報が簡単に手に入ったと思います。このように市場の理解をする上での最初のステップがデータの収集とLLMの要約によってかなり楽になったのではないでしょうか。

3.3.2　差別化戦略① 競合企業名の列挙

　次に差別化戦略です。先ほどと同様にあなたが「フィットネスジムA」のマーケティングを担当することになったとしましょう。市場が理解できたら、具体的な競合企業や他のフィットネスジムとの違いが知りたくなるはずです。たとえば「金額（月額）」「立地」「利用者層」「企業売上」などの観点で、他のフィットネスジムを知ることで自分がマーケティングを担当するフィットネスジムの業界の中での立ち位置や差別化を図れるポイントを確認することができます。

　まずは他のフィットネスジムにはどのようなものがあるのかを調べるために、先ほどのコードの検索キーワードを変えて再び実行してみましょう。

```
#  検索キーワード
query = "フィットネスジム 人気ランキング"
```

　筆者の手元ではこのような出力になりました。

```
##  2024年 満足度の高いフィットネスクラブ・24時間ジムランキング要約

###  概要
－ **調査実施**: 株式会社xxxによる顧客満足度調査
－ **発表日**: 2024年x月x日
－ **対象**: フィットネスクラブと24時間ジム
```

```
### フィットネスクラブランキング
- **1位**: **A GYM**
  - 7年連続の総合1位
  - 「スタッフ」「インストラクター」「施設の充実さ」など8項目で1位
- **2位**: **B GYM**
```

```
### まとめ
- **A GYM**と**C GYM**がそれぞれフィットネスクラブと24時間ジムでの顧客満足度で高評価を得ている。
- 新たに登場した**D GYM**はコストパフォーマンスで注目を集めている。
```

実は先ほどのプロンプトには書き方に問題があります。元になっているコードの中から、systemロールをこのように書き換えてみましょう。

```
# systemロールの定義
system_message_for_gen_summary = """あなたはプロのビジネスアシスタントです。あなたのタスクは、与えられたWebサイトコンテンツからフィットネスジムの名前をリストアップすることです。以下の要件を守ってください:
    1. フィットネスジムの名前のみを箇条書きで列挙すること
    2. フィットネスジムの名前以外の情報は出力しないこと """
```

これを実行するとフィットネスジムの名前がたくさん列挙されたはずです。

```
- フィットネスジムA
- フィットネスジムB
- フィットネスジムC
- フィットネスジムD
- フィットネスジムE
```

3.3.3 　差別化戦略② 競合企業の利用料金の調査・要約

列挙された企業リストの中から特定の企業を選別して、差別化を図れるポイントを探って

いきます。まずは企業リストの中から1つ選んでみましょう。これを「フィットネスジムB」
とします。

　ではフィットネスジムA、Bの両方の「料金（月額）」をそれぞれ出してみます。検索キー
ワードとsystemロールとuserロールを以下のように書き換えてみてください。

```
# 検索キーワード
query = "フィットネスジムA 利用料金"
```

```
# systemロールとuserロールの定義
system_message_for_gen_summary = """あなたのタスクは、与えられた情報をもとにフィットネス
ジムAの利用料金についてまとめることです。以下の要件を守ってください：
    1．フィットネスジムの利用料金以外の情報は出力しないこと"""

user_message_for_gen_summary = f"""以下のWebサイトコンテンツからフィットネスジムAの利用
料金を教えてください。：
```

　おそらくフィットネスジムAの月額費用をベースにオプション情報なども記述された要約
文が生成されたはずです。同じように「フィットネスジムA」を「フィットネスジムB」に
書き換えて同様に実行してみましょう。こちらもフィットネスジムBの利用料金が出力され
たはずです。

3.3.4　集めた情報を比較する

　フィットネスジムAとBの利用料金の要約がそれぞれ出揃ったところで、人間の目で見て
分析してもよいですが、LLMにこれら2つの違いも比較してもらうと、より簡単に違いがわ
かります。たとえば以下のようなプロンプトを書いて実行してみてください。このコードは
先ほどまでの検索のコードの一部として使うのではなく、このコードだけ実行してください。

```
# systemロールとuserロールの定義
system_message_for_gen_summary = """あなたはプロのビジネスアシスタントです。あなたのタス
クは与えられた情報をもとにフィットネスジムのフィットネスジムAとフィットネスジムBの利用料金の違いを
比較してまとめることです。以下の要件を守ってください：
    1．フィットネスジムの利用料金の比較以外の情報は出力しないこと"""
```

```
user_message_for_gen_summary = f"""以下の2つのフィットネスジムのまとめの情報から、フィッ
トネスジムのフィットネスジムAとフィットネスジムBの利用料金の違いを比較してください。:

## フィットネスジムAの利用料金
（先ほど出力されたフィットネスジムAの利用料金の要約をここに貼る）

## フィットネスジムBの利用料金
（先ほど出力されたフィットネスジムBの利用料金の要約をここに貼る）"""

# 2章で定義した関数でChatGPT APIリクエストを送信する
response = get_gpt_response(
    system_message=system_message_for_gen_summary,
    user_message=user_message_for_gen_summary
)
# 結果を出力
print(response)
```

これでフィットネスジムAとBを比較した情報が出力されたはずです。

あとは「金額（月額）」と同じように「立地」「利用者層」「企業売上」「利便性」などを出力していくと、自ずとフィットネスジムAとBの多様な観点での違いが浮き彫りになるはずです。さらにフィットネスジムCなどを追加して比較してみてもよいでしょう。

事前にコードさえ用意しておけば、企業やサービスの名前を変更するだけで実行できますし、かなり業務効率は上がるのではないでしょうか。

3.3.5 **3C分析**

市場の理解や差別化戦略の情報が見えてきたところで、改めて担当するフィットネスジムのマーケティング戦略を考えていきます。今回は3C分析のたたき台を生成します。3C分析とは、「顧客（Customer）」、「競合会社（Competitor）」、「自社（Company）」の3つの要素から分析を行う手法のことです。これまでのコードを実行して以下のものを用意します。

- フィットネスジムの市場規模（3.3.1項参照）
- 競合となる企業のさまざまな観点での比較の要約
  - フィットネスジム業界の企業2つ以上（フィットネスジムAとB）
  - 「月額料金」「利用動機」「利用者層（ターゲット層）」「企業の売上」「ニーズや課題」の

比較情報（3.3.3 項の「月額料金」を「利用動機」などに置き換える）

　これが用意できたら最後に 3C 分析のたたき台作成を LLM に指示してみましょう。このコードもこれだけで実行してください。

```
# systemロールとuserロールの定義
system_message_for_gen_summary = """あなたのタスクは、与えられた調査結果の情報をもとに、
フィットネスジムAの今後の戦略を組み立てることです。"""

user_message_for_gen_summary = f"""フィットネスジムAのフィットネスジムの事業領域における
今後の戦略の示唆/方針を、以下の他のブランドの差別化要素に留意しながら具体的な数値をもとに組み立てて
ください。

## 市場について
（フィットネスジムの市場規模の要約をここに貼る）

## 各社のさまざまな差別化要素の比較
（競合となる企業のさまざまな観点での比較の要約をここに貼る）"""

# 2章で定義した関数でChatGPT APIリクエストを送信する
response = get_gpt_response(
    system_message=system_message_for_gen_summary,
    user_message=user_message_for_gen_summary
)
# 結果を出力
print(response)
```

　フィットネスジムどうしのさまざまな観点での比較のまとめや、フィットネスジム A の今後のマーケティング戦略のたたき台となる出力があったはずです。筆者の手元では以下のような出力になりました。

```
フィットネスジムAの今後の戦略を以下のように組み立てます。

### 1. 価格戦略の見直し
フィットネスジムAは、月額料金が7,000円～10,000円と、フィットネスジムBの上限よりも高めに設定され
ています。競争力を高めるために、以下の施策を検討します。
```

- **月額料金の見直し**：　競合のフィットネスジムＢの料金を参考に、月額料金を7,000円〜9,000円に引き下げることを検討します。特に、都市部（東京、大阪）では、8,000円を下回るプランを導入し、価格競争力を強化します。

- **プロモーションキャンペーン**：　新規入会者向けに、初月無料または初月半額キャンペーンを実施し、入会のハードルを下げます。

2．初期費用の透明性
フィットネスジムＡは入会金が0円であるものの、セキュリティーキー発行料が5,500円（税込）かかります。この点を強調し、透明性を持たせることで、顧客の信頼を得ることが重要です。

- **セキュリティーキー発行料の無料化**：　一定期間（例：2024年中）に入会した新規会員に対して、セキュリティーキー発行料を無料にするキャンペーンを実施します。これにより、初期費用をさらに低く抑え、競合との差別化を図ります。

まとめ
フィットネスジムＡは、価格戦略の見直し、初期費用の透明性、サービスの多様化、顧客ロイヤルティプログラムの導入、マーケティング戦略の強化を通じて、競合との差別化を図り、顧客の獲得とリテンションを促進することが重要です。これにより、フィットネス市場における競争力を高め、持続的な成長を目指します。

　ここまで情報を集めたり、まとめたり、比較したり、分析したりするコストを考えると、このようなものがすぐに出力されるのは相当な時間削減に繋がったのではないでしょうか。
　今回の3C分析の例のようにマーケティング分析の型を作ってコードを実行すれば、企業名やサービス名、差別化要素の観点を変更するだけで他の業界や観点での分析も簡単にできるようになります。

 ヒューマン・イン・ザ・ループの重要性

AIを使用して生成されたアウトプットは、そのまま利用するのではなく、必ず人間のレビューを挟む「ヒューマン・イン・ザ・ループ」の原則に従う必要があります。
とくに生成された情報が検索結果に基づく場合は、出典として「どのサイトを参照したか」を明記し、AIの出力を人間が後から容易に確認できる形にすることが重要です。これにより、誤情報や不正確なデータの使用を防ぎ、より信頼性の高い成果物を得ることができます。
生成AIの出力結果をすべて鵜呑みにすることなく、情報のソースを確認することは、生成AIを実践で活用する上ではとても重要です。

- **データ収集の自動化をさらに進める**：異なるAPIやスクレイピングツールを組み合わせて複数のデータソースを収集し、それらをまとめて分析・比較できるようなワークフローを構築する。さらに、データのクレンジングやフィルタリングを自動化し、より正確なデータを取得するためのパイプラインを作成することも可能です。
- **LLMの応用範囲を拡大する**：特定の業界や分野に焦点を当てたより専門的なプロンプトやルールベースのシステムを構築する。たとえば、特定の分野に特化した知識ベースを使用することにより、より精度の高い示唆や要約を生成することが可能です。
- **リアルタイムデータ収集の実装**：WebスクレイピングやAPIからの定期的なデータ収集をスケジュール化してリアルタイムでデータを更新し、最新の情報に基づいて戦略を立てられるようにする。
- **競合分析の自動化をさらに進める**：異なる業界や国際市場に対する競合分析を自動で実行し、複数市場のデータを統合してグローバルな視点での戦略を策定する。

これだけは覚えたい！基本ポイント

- データ収集では、信頼性の高いソースを使用することが重要です。また、データの使用にあたってはプライバシー保護や規約の順守が必要です。
- AIにより自動生成された情報は、必ず人間が確認し、適切かどうか判断することが重要です（ヒューマン・イン・ザ・ループ）。生成されたアウトプットに誤情報が含まれていないかを必ず確認する習慣をつけましょう。
- APIで収集したデータをLLMに入力し、要約や分析を行うことで、多くの時間を節約できます。

セールスコピーを
考えてもらおう

キーワード

ターゲティング・表現方法・アイデア発想

時短・コスト削減目安

1 か 月 あ た り 4 時 間

デジタル広告で利用するテキストを用意しないといけないのに、
他の作業もあってなかなか手をつけられないんです。

いつも忙しそうだな。他の人に少し手伝って
もらうことはできないのか？

広告テキストの用意はいろんなことを考えないといけないから、
説明するより自分で考えた方が早いって思っちゃうんですよね……。

それなら、ChatGPT APIでツールを作って、他の人でも
作業できるようにしてみませんか？

　デジタルマーケティングの進歩によって、企業と消費者のコミュニケーションは増え続け
ています。消費者にきめ細かい体験を届けられるようになった反面で、増え続けるクリエイ
ティブの作成はマーケターの頭を悩ませるポイントの一つになりました。

　マーケティングで使う文章を書く場合には考慮すべきことがたくさんあります。ターゲッ
トとなる消費者がどんなものに興味を持つのか、ブランドごとに定められた守るべきルール
は何か、どんな表現の効果が高いのか、などです。そのため、なかなか複数人で対応するこ
とができず、広告・SNS・メルマガなど、文章の作成を一人で担当している、というケース
も多いのではないでしょうか。

　この章では、複数人で使い回すことができる簡単なツールを作成し、担当者の知識をプロ
ンプトに落とし込んでいく方法について解説します。

4.1　広告テキスト作成ツールを作ろう

4.1.1　広告テキストを生成するプロンプト

　このツールでは次のようなプロンプトと、プロンプトが参照するさまざまな情報を利用して広告テキストを作成します。このプロンプトはChatGPTでも動作しますが、参照するすべての情報を直接書き込んでしまうと、プロンプトは数百行に及ぶことがあります。プログラムを作成しておくことで、手間を省きつつ、プロンプトの長さや複雑さを意識しないで利用することができるようになります。

あなたは優秀なコピーライターです。指示に従って、広告コピーを作成してください。

広告コピーを作成する際は次のルールに従ってください。
ルールが矛盾する場合は、先に記載されたルールを優先してください。
ルール：　"""
- 文章作成のリクエストが指定されている場合、リクエストに応える努力をする
- キーワードが指定されている場合、キーワードを使用したコピーを作成する
- 制約事項が指定されている場合、制約事項に従う
- 例文が指定されている場合、作成する広告コピーのフォーマットは例文に準ずる
- ターゲットに向けた文章とする
- 参考情報が記載されている場合、背景情報として参考にする
"""
作成した文章のみを箇条書きで提示してください。

4.1.2 広告テキストを生成するプログラム

用意したプロンプトを利用して、広告テキストを生成するプログラムを作成します。

ここで作成する関数generate_ad_textは用途に応じて柔軟な生成指示を行えるように多くの引数を受け取ります。一見複雑に見えますが、system_message と user_messageを作成して、2章で作成したget_gpt_response関数を利用してChatGPT APIのリクエストを呼び出すだけのシンプルなプログラムです。

```python
def generate_ad_text(target="", purpose="", restrictions="", examples="",
request="", keywords="", context=""):
    """
    広告テキストを生成する

    Args:
    purpose (str): 目的
    request (str): 文章作成のリクエスト
    keywords (str): キーワード
    restrictions (str): 制約事項
    examples (str): 例文
    target (str): ターゲット
    context (str): 参考情報

    Returns:
    str: 広告テキスト
    """

    # 広告テキスト生成用のシステムメッセージの定義
    system_message_for_gen_adtext = '''\
あなたは優秀なコピーライターです。指示に従って、広告コピーを作成してください。

広告コピーを作成する際は次のルールに従ってください。
ルールが矛盾する場合は、先に記載されたルールを優先してください。
ルール： """
- 文章作成のリクエストが指定されている場合、リクエストに応える努力をする
- キーワードが指定されている場合、キーワードを使用したコピーを作成する
- 制約事項が指定されている場合、制約事項に従う
- 例文が指定されている場合、作成する広告コピーのフォーマットは例文に準ずる
```

```
    - ターゲットに向けた文章とする
    - 参考情報が記載されている場合、背景情報として参考にする
    """

作成した文章のみを箇条書きで提示してください。
'''


    # 広告テキスト生成用のシステムメッセージを取得する
    user_message_for_gen_adtext = f'''\
指定した目的を叶えるための広告コピーを20パターン作成してください。

ターゲット: """
{target}
"""


目的: """
{purpose}
"""


制約事項: """
{restrictions}
"""


例文: """
{examples}
"""


文章作成のリクエスト: """
{request}
"""


キーワード: """
{keywords}
"""


参考情報: """
{context}
"""
'''
```

```python
# 2章で定義した関数でChatGPT APIリクエストを送信する
response = get_gpt_response(
    model="gpt-4o",
    system_message=system_message_for_gen_adtext,
    user_message=user_message_for_gen_adtext,
    temperature=1
)

return response
```

この関数は、target, purpose, restrictions, examples, request, keywords, context の7つの引数を使用して広告テキストを生成します。

引数を用意して関数を実行する方法は4.2節で紹介します。

4.2 広告テキスト作成ツールで利用する情報を用意しよう

それでは作成したプログラムを利用して広告テキストを作成する準備を進めていきましょう。

広告テキストなどの、マーケティングで利用するテキストを考える際は、ブランド独自のルールや、商品の基本情報、作成したい文章の雰囲気などのさまざまな情報を利用します。

マーケティングで利用するテキストを複数人で考えることを難しくしている原因の一つに、これらを整理して他の人に共有することの大変さが挙げられます。プログラムを利用する場合は、利用する情報をあらかじめ変数として定義しておけば、最小限の変更だけで、他の人も広告テキストを作成することができるようになります。

ここからは、架空のスマートフォンゲーム「コミック・ロワイアル（図4.1）[1]」を例に、広告テキスト生成プログラム generate_ad_text で使用する7つの引数を作成する流れを紹介します。

---

[1]　コミック・ロワイアルについての記載内容はすべて架空の情報です

● 図4.1　コミック・ロワイアル

　引数を考えていく流れは次の通りです。

　まず初めに、4.2.1項では**誰にメッセージを届けるのか**を考え、targetの引数を作成します。次に、4.2.2項では**訴求するポイントは何か**を整理し、contextとpurposeの引数を作成します。続く4.2.3項では、**どのように表現するのか**を考え、restrictions, examples, request, keywordsの引数を作成します。

　すべての引数を定義すると関数generate_ad_textで広告テキストを生成することができるようになります。

4.2.1　誰にメッセージを届けるのか

　はじめに、誰にメッセージを届けるのかを明確にします。

　マーケティングチームの中でターゲットユーザーが明確に定まっている場合はその情報を利用しましょう。もう少し具体的にしたい、という場合はChatGPT APIを使ってペルソナの叩き台を用意することができます。**ターゲットとする層の中から、ペルソナと呼ばれる架空の個人像を作り上げることで、メッセージを届ける対象を具体的にイメージすることがで**

きるようになります。

　「コミック・ロワイアル」では、サービスのローンチ直後はアプリゲームに興味のある人を幅広く対象にして広告を配信し、ゲームユーザーへのリーチが取れたあとは、アプリでマンガを読むようなユーザー層にメインの配信対象を切り替える戦略です。その後も、コラボするアニメやコミックのファンを対象として広告を配信することを計画しているため、そのときどきでターゲットとする層は少しずつ変わっていきます。

　キャンペーンごとに具体的なペルソナをイメージしたい、という場合はChatGPT APIを利用してたたき台を作成することができます。

　「コミック・ロワイアル」のターゲットはどんな人たちなのか、複数人のペルソナを作成して確認してみましょう。

　「コミック・ロワイアル」は新しいターゲットへの配信を企画しているので、変数targetに次のように設定します。

```python
# ターゲット
target = "20代〜30代の男女、漫画好き。好きな作品は少年漫画。アニメやゲームにも興味がある。"
```

　今回は、同じプロンプトで複数バリエーションの結果を生成したいため、2章で定義したget_gpt_response関数を改変して、新しい関数get_gpt_response_listを作成します。この関数は、client.chat.completions.createのパラメーターnを利用して、1回の生成で複数バリエーションの結果を生成できるようにします。

　新しい関数get_gpt_response_listは、get_gpt_response関数をコピーして次のように編集したものです。

❶get_gpt_response_listの引数としてn=1を追加する
❷client.chat.completions.createに渡す引数に、n=nを追加する
❸返却する実行結果をresponse.choicesに変更する

　これで、ChatGPT APIが生成する結果の個数を指定するためのパラメーターnを利用できるようになりました。取得する結果が複数件になるため、関数の戻り値をリストで戻すようにしています。

```python
def get_gpt_response_list(system_message, user_message, model="gpt-4o-
mini", temperature=0, n=1):
    """
    ChatGPT APIを使用してテキストレスポンスを取得する関数

    Args:
    system_message (str): システムメッセージ
    user_message (str): ユーザーメッセージ
    model (str): AIモデル
    temperature (float): デフォルトは0
    n: 生成する選択肢の数

    Returns:
    str: APIからの応答テキスト
    """
    # APIキーを取得
    api_key = userdata.get('CHATGPT_API_KEY')

    # OpenAIクライアントを作成
    client = openai.OpenAI(api_key=api_key)

    # メッセージを構築
    messages = [
        {"role": "system", "content": system_message},
        {"role": "user", "content": user_message}
    ]

    # APIリクエストを送信
    response = client.chat.completions.create(
        model=model,
        messages=messages,
        temperature=temperature,
        n=n
    )

    return response.choices
```

　事前に定義した変数targetと、作成した関数get_gpt_response_listを利用して、ペルソナを生成するプログラムを実行します。実行するプロンプトはプログラムの中で変数

に定義しています。

```python
# ペルソナ生成用のシステムメッセージ
system_message_for_gen_persona = '''\
あなたは優秀なリサーチャーです。
与えられた情報をもとに想定されるペルソナを考案してください。
ペルソナは、名前を持つ仮想の人物像を想定し、合計10項目程度の特徴で簡潔に表します。
5項目程度は人となりがイメージできるような項目を記載してください。
3項目程度は、ペルソナがゲインと感じることを記載してください。
3項目程度は、ペルソナがペインと感じることを記載してください。
作成したペルソナの項目のみを箇条書きで提示してください。
'''

# ペルソナ生成用のユーザーメッセージを取得する
user_message_for_gen_persona = f'''\
以下のターゲットに対して、想定されるペルソナを考案してください。

ターゲット： """
{target}
"""
'''

# プロンプトを指定して生成を実行する
# n=3 を指定することで 3バリエーションの結果を取得する
choices = get_gpt_response_list(
    system_message=system_message_for_gen_persona,
    user_message=user_message_for_gen_persona,
    temperature=1.
    n=3
)

# 各ペルソナを順番に表示する
i = 1
for choice in choices:
    print(f"ペルソナ {i}:\n")
    print(choice.message.content)
    print("\n\n")
    i += 1
```

このプログラムでは n=3 のパラメーターを利用することで、3パターンの結果を生成しました。実行結果には3例のペルソナが表示されます。ここを増やすことで、多くのアイデアを同時に生成することができるようになります。

生成されたペルソナの例

- 名前：田中さん（仮）
- 年齢：28歳
- 性別：男性
- 職業：ITエンジニア
- 居住地：東京都
- 趣味：
  - 漫画を読むこと（とくに少年漫画）
  - アニメ鑑賞
  - ゲームプレイ（とくにRPGやアクションゲーム）

- 性格：
  - 好奇心旺盛で新しいタイトルには目がない
  - 一度ハマると深く掘り下げるタイプ
  - フレンドリーでSNSで意見交換を好む

- ゲイン：
  - 最新の漫画やアニメの情報をいち早く知ること
  - 好きな作品のグッズや限定版アイテムを手に入れること
  - 同じ趣味を持つ友人との交流やイベント参加

- ペイン：
  - 忙しい仕事の合間に趣味の時間を確保するのが難しい
  - 好きな漫画の連載が中断されること
  - 趣味に使える予算が限られているため高価なグッズなどを買えないこと

- 名前：高橋さん（仮）

- 名前：佐藤さん（仮）

 生成したペルソナを利用する上での注意点

得られたペルソナはあくまで仮のたたき台です。リサーチによって得た情報や、マーケティングチームの持つ認識とすり合わせて、違和感のないペルソナに修正して利用しましょう。

4.2.2 訴求するポイントは何か

　メッセージを届けるターゲットが明確になったら、何を伝えたら興味を持ってもらえるのか、訴求軸を選定していきます。

　ここでは、用意した商品情報をもとに、ChatGPT APIを利用して、ペルソナが興味を持つ訴求軸をリストアップさせます。

　ChatGPT APIに渡す商品情報は、必ずしもわかりやすく整理されている必要はありません。たとえば公式ホームページのテキスト情報をすべてコピーしただけのものや、商品スペックのCSV情報をそのままコピーしたものなどを渡しても、LLMは内容を把握して利用することができます。

 CSVとは

CSV（Comma Separated Values）は、データをカンマで区切ったシンプルなテキストフォーマットです。列はカンマで区切り、行は改行で区切ることで、表形式のデータをテキストファイルで表現することができます。

コミック・ロワイアルの例では、アプリストアの説明文をそのまま利用します。
商品情報を変数に格納します。

```
# 商品情報
product = """\
コミック・ロワイアル（コミロワ）

ジャンル：ファンタジーRPG

あなたのスマートフォンが、まるでコミックの世界に変わる！新感覚ファンタジーRPG「コミック・ロワイアル（コミロワ）」が登場！

■ゲームの特徴■

1．コミック風の斬新な演出
ストーリーからバトルシーンまで、すべてがコミック風の演出で彩られています！色鮮やかでダイナミックなグラフィックが、あなたを冒険の世界へ引き込みます。

"""
```

次に、変数に定義した商品情報とペルソナを利用して、訴求ポイントを選定します。

```python
prepared_persona = '''\
- 名前：田中さん（仮）
- 年齢：28歳
```

```
'''

# 訴求ポイント生成用のシステムメッセージ
system_message_for_gen_salespoint = '''\
あなたは有能なマーケターです。
与えられた情報からターゲットが興味を持つ訴求ポイントを選定し、指定されたフォーマットで回答してください。

回答フォーマット """
- 訴求ポイント：
- 興味を持ってもらえる理由：
"""
'''

# 訴求ポイント生成用のユーザーメッセージを取得する
user_message_for_gen_salespoint = f'''\
次の商品に対して、ターゲットがもっとも興味を持つ訴求ポイントを選定してください。

商品："""
{product}
"""

ターゲット："""
{prepared_persona}
"""
'''

# 2章で定義した関数でChatGPT APIリクエストを送信する
response = get_gpt_response(
    system_message=system_message_for_gen_salespoint,
    user_message=user_message_for_gen_salespoint,
    temperature=1
)
```

```python
appeal_point = response
print(f"訴求ポイント：\n")
print(appeal_point)
print("\n")
```

　ペルソナの生成と訴求ポイントの選定を一連の流れで実行させることもできます。次のプログラムでは、3件のペルソナを生成し、それぞれのペルソナに対して、訴求ポイントの選定を行っています。

```python
# 訴求ポイント生成用のシステムメッセージ
system_message_for_gen_salespoint = '''\
あなたは有能なマーケターです。
与えられた情報からターゲットが興味を持つ訴求ポイントを選定し、指定されたフォーマットで回答してください。

回答フォーマット """
- 訴求ポイント：
- 興味を持ってもらえる理由：
"""
'''

# プロンプトを指定して生成を実行する
# n=3 を指定することで3バリエーションの結果を取得する
choices = get_gpt_response_list(
    system_message=system_message_for_gen_persona,
    user_message=user_message_for_gen_persona,
    temperature=1.
    n=3
)

# 各ペルソナを順番に表示する
i = 1
for choice in choices:
    persona = choice.message.content
    print(f"ペルソナ {i}:\n")
    print(persona)
    print("\n")
```

```python
    # 訴求ポイント生成用のユーザーメッセージを取得する
    user_message_for_gen_salespoint = f'''\
次の商品に対して、ターゲットがもっとも興味を持つ訴求ポイントを選定してください。

商品："""
{product}
"""


ターゲット："""
{persona}
"""
'''

    # 2章で定義した関数でChatGPT APIリクエストを送信する
    response2 = get_gpt_response(
        system_message=system_message_for_gen_salespoint,
        user_message=user_message_for_gen_salespoint,
        temperature=1
    )
    appeal_point = response2
    print(f"訴求ポイント{i}：\n")
    print(appeal_point)
    print("\n")
    i += 1
```

先ほど定義したペルソナ「田中さん（仮）」での結果は以下です。

```
### ペルソナ

- 名前： 田中さん（仮）
- 年齢：28歳
- 性別：男性


- 訴求ポイント： コミック風の斬新な演出によるストーリーテリングとバトルシステム
- 興味を持ってもらえる理由：
  田中さんは漫画を読むこととアニメ鑑賞が趣味であり、とくに少年漫画に興味を持っています。『コミック・
```

ロワイアル』の特徴である「コミック風の斬新な演出」は、ストーリーからバトルシーンに至るまで、まるで漫画を読んでいるかのような体験ができる点が魅力的です。

```
"""
```

ターゲットとするペルソナは「コミック風の斬新な演出」に興味を持ってもらえそうです。これを受けて「コミック・ロワイアル」の広告コピーの目的は次のように設定します。

```
# 広告コピーの目的
purpose="""
- コミロワのインストールを促す広告コピー
- コミック風の斬新な演出がどのように魅力的かを伝えたい
"""
```

4.2.3 どのように表現するのか

最後に、どのように伝えるかを整理していきます。

訴求軸のどのポイントを伝えるべきなのか、それをどのような表現で伝えるべきなのか、そしてそれはどのようなルールに則るべきなのか。広告テキストを考案する際に頭を悩ませているのはこの部分が多いのではないでしょうか。

制約事項

単語の選び方や、独自の呼称などのブランドごとのルール、運用しているアカウントとしてのポリシーなど、守るべきことを記載していきます。最大文字数や、使用することができる文字種類などの、広告媒体が定めている制約事項などもその候補に入ります。

これらを書き出しておくことでAPIを利用した生成の際も準拠させることができます。

```
# 制約事項
restrictions = """
- 全角50文字以内とすること
- 文章内にタイトルを使用する場合は「コミック・ロワイアル」もしくは「コミロワ」を使用すること
- キャラクターの入手を伝える際は「参加」という表現を使用すること
```

```
    - コラボを訴求する際は必ずコラボ先の作品名を記載すること
    - 暴力的、性的、差別的、扇動的な表現を避けること
    - ポジティブなトーンで表現すること
    """
```

表現方法

　どのような表現方法で文章を作成してほしいのか、的確に言葉で伝えるのはとても難しいことです。

　これらを指定する一番簡単な方法は、参考例を渡すことです。フォーマットや、過去の事例がある場合、例文として提示することで踏襲した文章を作成させることができます。

　「コミック・ロワイアル」用の例文では、作品の各特徴を訴求した例文を利用します。

```
# 例文
examples = """
    - コミック風演出が生む、圧倒的な没入感を体験しよう！
    - 美しいビジュアルとストーリーを、その目で確かめよう！
    - 壮絶な物語が動き出す、かつてない冒険へ飛び込め！
    - 物語の深みに引き込まれる、感情揺さぶる冒険を始めよう！
    - 仲間との絆が未来を変える、驚きの冒険を体験しよう！
    - ファンタジーの世界で紡ぐ、新たな冒険の章を開こう！
    """
```

　例文だけでも、ある程度雰囲気を捉えた文章を作成してくれますが、トーンや表現方法を指示すると、よりイメージに合った文章を作成させることができます。generate_ad_text では変数requestを使用して図4.2のような表現方法を指定することができます。

文章の雰囲気を指定する指示		表現方法を直接指定する指示
フレンドリーなトーンで表現して		擬人法で表現して
ユーモラスなトーンで表現して		体言止めで表現して
フォーマルな文章を作成して		直喩で表現して
感情に訴えかけるような表現にして		隠喩で表現して
インフォーマティブな表現にして		押韻で表現して
インスピレーショナルな表現にして		倒置法で表現して
クリエイティブな表現にして	×	対句法で表現して
インパクトのあるキャッチフレーズを含めて		反復法で表現して
X（旧 Twitter）の投稿のような雰囲気にして		呼びかけで表現して
絵文字を使用して		
緊急性が伝わる表現にして		
ですます調の口調にして		
関西弁で表現して		
スラングを使用して		

● 図 4.2　文章の雰囲気や表現方法の指示例

「コミック・ロワイアル」ではインパクトのあるキャッチフレーズを含めるように追加リクエストで指定します。

```python
# 文章作成のリクエスト
request = """\
- ゲームの特徴を強調するインパクトのあるキャッチフレーズを含めてください
"""
```

キーワード

4.1節で作成した関数 generate_ad_text では、指定したキーワードを優先的に文章に含めるように指示しています。

キーワードを指定しない場合は、LLMが目的のために適した文面を生成します。LLMに任せたバリエーションを取得したい場合はキーワードは指定せず、特定の内容にフォーカスしてバリエーションを用意したい場合は、キーワードを指定するとよいでしょう。

今回は次のキーワードを使用してテキストを作成します。

```python
# 使用するキーワード
keywords="""\
コミック風
"""
```

　ChatGPT APIを利用したブレインストーミングによって、さまざまなキーワードを発見するようなアプローチをとることもできます。4.3節では、その手法の一つ「マンダラート」を紹介します。

4.2.4　参考事例での生成結果

　ここまでで定義してきた変数を使用して、テキストを生成します。

```python
# 変数に定義した値を使用してテキストを生成する
response = generate_ad_text(
        target=target, # ターゲット
        purpose=purpose,    # 目的
        restrictions=restrictions, # 制約事項
        examples=examples, # 例文
        request=request,    # 文章作成のリクエスト
        keywords=keywords, # キーワード
        context=product    # 参考情報
)
print(response)
```

　こちらが、この条件で作成された広告テキストです。

- コミック風演出で新感覚、今すぐ冒険を始めよう！
- コミロワで体験！圧倒的な没入感をその目で確かめよう！
- まるでコミックの世界！新たな冒険が君を待っている！
- コミック風の美しいビジュアルでファンタジーRPGを楽しもう！

- 新たな発見と挑戦、コミロワのコミック風世界に今すぐ参加！
- コミック風の壮大な冒険が、あなたを新しい世界へ導く！

コミック風の演出がどのように魅力的かを伝えた上でインストールを促す、という目的にかなう広告テキストを生成することができました。

このツールのプロンプトは、表現方法の指定の中で「文章作成のリクエスト」を優先するようにしています。生成結果をもう少し調整したいという場合は、文章作成のリクエストの変数を書き換えて試してみてください[*2]。

4.3　マンダラートでキーワードのアイデアを広げよう

アイデアを発散させていくことはLLMの得意とするところの一つです。ここでは、メジャーリーグでも活躍するプロ野球選手である大谷翔平も取り入れた「マンダラート[*3]」という手法を使って、キーワード探索のアプローチを示します。

まず、3×3の9つのマスを用意し、中央のマスにテーマを書き込みます。次に、周囲の8つのマスにそのテーマに関する内容を考案し記入します。これにより、テーマに関連する8つのアイデアが生まれます。

次に、周囲のマスに記載した一つ一つの内容をそれぞれテーマとして据えた3×3のマスを用意し、それぞれの内容に対して周囲の8つのアイデアを埋めていきます（図4.3）。すべてのマスを埋めることで、最初のテーマに対する8つのアイデアと、さらに細分化された64のサブアイデアが考案されます。

テーマの考案と、テーマに対するアイデアの考案、という2段階で思考することで、検討の漏れを減らしたり、発想の幅を広げることができます。

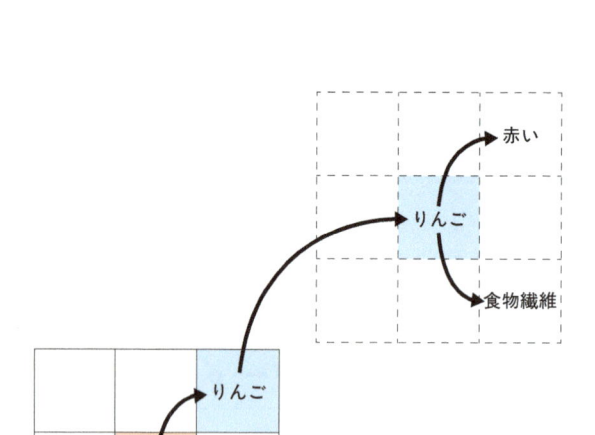

● 図4.3　マンダラートによるアイデアの発散

　このマンダラートを、訴求するキーワードのバリエーションを得るための発想方法として利用してみましょう。

　紙を使ってアイデアを考案していくこともよい方法ですが、今回はプログラムとChatGPT APIを利用して、テーマとして設定した「コミックの魅力」について機械的にアイデアを発散させてみます。

　ここではまず、このプログラムの処理の流れから説明します。まずテーマから連想する8つの単語を生成します。次に、生成されたそれぞれの単語ごとに同様に8つの単語を生成させます。

```python
def generate_8words(theme):

# テーマを定義する
theme = "コミックの魅力"

# テーマから8つの単語を生成
parent_words = generate_8words(theme)

## 結果を表示
for parent_word in parent_words:
    print(f"{theme}:{parent_word}")
```

```python
# 単語からさらに8つの単語を生成
for parent_word in parent_words:
    child_words = generate_8words(parent_word)

    ## 結果を表示
    for child_word in child_words:
        ## 表示
        print(f"{parent_word}:{child_word}")
```

　処理の全体がイメージできたら、テーマを受け取って8つの単語を生成する関数を定義します。

　この関数では、はじめに引数で受けとった**theme**から連想する8つのキーワードをカンマ区切りで生成し、その結果をカンマで分割したリストで返します。

```python
def generate_8words(theme):
    """
    与えられたテーマから8つの単語を生成する

    Args:
    theme (str): テーマ

    Returns:
    str: 8つの単語のリスト
    """

    # 2章で定義した関数でChatGPT APIリクエストを送信する
    csv_text = get_gpt_response(
        system_message = "与えられたテーマから想起されるキーワードを8つ考案し、カンマ「,」
区切りのデータとして回答してください。説明などキーワードデータ以外を回答してはなりません。",
        user_message = theme,
        temperature=1
    )
    return csv_text.split(",")
```

　ここまでのプログラムの実行結果がこちらです。最初の8行にテーマ「コミックの魅力」に対して生成されたキーワード、次以降のブロックに各キーワードに対して生成されたキー

ワードが続いていきます。

```
コミックの魅力：物語
コミックの魅力：アート
コミックの魅力：キャラクター
コミックの魅力：イマジネーション
コミックの魅力：ジャンル
コミックの魅力：文化
コミックの魅力：冒険
コミックの魅力：感情
物語：冒険
```

```
感情：愛
感情：嫌悪
感情：安堵
```

　テーマとして設定した「コミックの魅力」に対してかなりの数のキーワードをリストアップすることができました。図4.4はこれをマンダラートの形で表現したものです[4]。

冒険	英雄	奇跡	創造性	表現	絵画	個性	物語	デザイン
運命	物語	愛	彫刻	アート	色彩	性格	キャラクター	発展
裏切り	成長	友情	デザイン	インスピレーション	文化	アニメ	設定	役割
創造力	空想	夢	物語	アート	キャラクター	音楽	映画	文学
発想	イマジネーション	想像	イマジネーション	コミックの魅力	ジャンル	ゲーム	ジャンル	アート
インスピレーション	ビジョン	創作	文化	冒険	感情	ファンタジー	ドキュメンタリー	ホラー
伝統	美術	言語	探索	スリル	未知	喜び	悲しみ	怒り
習慣	文化	宗教	挑戦	冒険	発見	恐れ	感情	驚き
料理	音楽	祭り	勇気	仲間	地図	愛	嫌悪	安堵

● 図 4.4 「コミックの魅力」をテーマに生成したマンダラート画像

　このように ChatGPT API を利用することで、私たちがリストアップしていくよりも早く多くのバリエーションのアイデアを得ることができます。

　普段私たちが選定しないワードからは、意外性のあるメッセージが作成されることがありますのでさまざまなキーワードを試してみてください。

4.4 　まとめ

　この章では、広告テキストを生成するための簡易的なツールを作成し、ツールで利用する

ための情報を用意する流れを紹介してきました。

　テキストを生成するために利用する情報の多くは、一度用意してしまえば、大きな変更なく繰り返し利用することができます。**情報量が多くて他の人と共通の理解を作ることが大変なケースでも、言語化した情報をツールに設定しておくことで、複数の人が同じ品質でテキストを用意できるようになるのはツールを作ることのメリットです。**

　LLMによって生成されたテキストは、不適切な表現をしてしまう可能性や、他者の権利を侵害してしまうような可能性もあります。生成された内容は必ず人がチェックすることをおすすめしますが、そういった注意点を加味してもLLMによるテキスト生成は非常に強力です。
　広告テキストだけに限らず、SNSの投稿文やメルマガなど、さまざまなテキストへの応用を目指してみてください。

さらに挑戦したい人は

- **JSON形式でレスポンスを取得する**：JSON形式で結果を受け取ることで、生成結果をプログラムで再利用しやすくなります。Structured Outputs[5]を利用することで事前に定義したデータ構造で結果を受け取ることができます。
- **作成したテキストをペルソナに評価させる**：作成した広告コピーをペルソナに採点してもらいましょう。JSON形式で「広告テキスト」「点数」「採点理由」を取得することで、作成したテキストを点数順に並び替えるようなことも可能です。
- **広告以外のテキストを生成する**：プロンプトを工夫することで、SNSの投稿文章など、より長い文章に応用してみましょう。ブランドのトーンやアカウントのキャラクターを再現できるようになるとさまざまな用途の文章を作成できるようになります。

これだけは覚えたい！基本ポイント

- ツールにすることで、自分だけしかできなかった作業を他の人と共有できるようになります。
- Howから考えがちな文章生成ですが、Who、What、Howと段階的に考えていきましょう。
- 生成された文章は人間が責任を持って確認・利用しましょう。

---

[5]　https://platform.openai.com/docs/guides/structured-outputs

ChatGPT APIで実現するデザイン制作の効率化

　企画したサービスを多くの人に伝えるためには、画像などの視覚的に認知できるクリエイティブが重要です。

　しかしながら企画者自身がこれらを作れないことも多く、多くの場合はデザイナーやイラストレーターなどに依頼することになります。その際に、彼らに自分たちが作った企画のコンセプトを伝えて創作物に落とし込んでもらうことになりますが、それにも一定の経験と能力が求められます。筆者自身も、その伝達がうまくいかずに無駄な工数と発注コストを発生させてしまったことがあります。

　そのため、企画のコンセプトと作りたいクリエイティブのイメージを、できるだけ正確に伝える必要があります。

　OpenAIが提供するDALL·Eという画像生成AIを活用すると、これまでテキストや類似画像のリストアップで伝えていたクリエイティブイメージを、「作ってほしい画像のラフ」として提案することができるようになります。さらに、自分の気に入ったラフ案の特徴を言語化させることもできます。つまり、デザイン能力が乏しくとも工数を抑えながら制作することができる、新たな仕事の進め方が誕生したということです。

　このコラムでは、画像生成AIの利用方法から、そのイメージをさらに言語化する方法までを一貫してまとめていきます。ここでは、4章のセールスコピーと合わせて使う方法を紹介しますが、他の章の内容とも組み合わせて使える技術なので、ぜひ挑戦してみてください。

画像生成AI「DALL·E」の基本的な使い方

　DALL·Eは、OpenAIが開発したテキストから画像を生成するモデルで、ユーザーが入力するテキストの指示をもとに高品質な画像を生成します[6][7]。

　現在、DALL·Eのバージョンには2と3があり、DALL·E 3が最新のモデルです。DALL·E 2も利用できますが、DALL·E 3の方がプロンプトの解釈精度が高いので、長文や複雑な指示に対応できます。また、出力画像のクオリティも向上しています。このコラムでは、DALL·E 3（以降は単にDALL·Eと呼びます）を使用します。

　まず、DALL·Eを用いて画像を生成する関数generate_imageを定義します。

---

[6]　https://openai.com/index/dall-e-3/
[7]　https://arxiv.org/abs/2102.12092

```python
from google.colab import userdata
from openai import OpenAI
from IPython.display import display, HTML, Image

def generate_image(prompt, size="1024x1024", quality="standard",
n=1):
    """
    DALL・Eモデルを使用して画像を生成する関数

    Parameters:
    prompt (str): 画像生成のためのプロンプト
    size (str): 画像のサイズ
    quality (str): 画像の品質
    n (int): 画像の数

    Returns: 画像のURL
    """

    """OpenAIクライアントを取得"""
    api_key = userdata.get('CHATGPT_API_KEY')
    client = OpenAI(api_key=api_key)

    response = client.images.generate(
        model="dall-e-3",
        prompt=prompt,
        size=size,
        quality=quality,
        n=n
    )

    image_url = response.data[0].url

    return image_url   # URLを返す
```

　この関数の引数であるpromptに、「月で餅をつくうさぎを描いてください」と与えてみると、その指示に従った画像が生成されます。ここでの注意点は、generate_image関数が画像データを直接取得するのではなく、画像のURLを取得している点です。

```
prompt = "月で餅をつくうさぎを描いてください。"

url = generate_image(prompt)

print(url)  # 生成された画像のurlを確認
```

　Google Colaboratory上で画像を表示するためには、IPython.displayというモジュール[8]のImage関数とdisplay関数を使用します。

```
display(Image(url=url, format='png', embed=True))
```

　これを実行すると、図C.1のような画像が取得されます。

● 図C.1　DALL·Eを用いた画像生成の出力例

　API利用料金のチェックを忘れずに

　画像生成は文字の生成に比べてAPIの利用料が高いです。そのため、大量の生成によって、想定外のコストが発生する可能性に注意してください。

　DALL·E 3で生成される画像は標準品質で正方形（1,024 pix × 1,024 pix）です。この場合は1枚あたり約0.04$（約6円）、高解像度で約0.08$（約12円）となります。この費用は目安なので、APIの利用料金を確認しながら利用することがおすすめです。

＊8　モジュールとはある機能を持った「部品」のことで、ほかの機能と組み合わせて使うものです。

サービスコンセプトに基づく画像生成

　DALL·Eの使い方がわかったので、実務で使える画像生成に入っていきます。ここでは例として、4章の中でコンセプトを固めた「コミック・ロワイアル」を題材にして、このアプリアイコンのデザイン案を作成します。

　アプリのアイコンは、サービスの中でもっともユーザーの目につくものなので、サービスコンセプトを表したものにしていきたいです。最終的にデザインは本職のデザイナーに制作いただくことになりますが、こちらの考えるコンセプトや雰囲気を画像に落とし込むことができれば、イメージをすり合わせるためのやり取りを最小限にできます。

　そこで、前項目で作った generate_image 関数を利用して、アプリアイコンを生成する関数 generate_icon_image を作成します。ここでは、「商品情報」「ターゲット」「広告テキスト」「画像の利用目的」「デザインの条件」「画像のトーンやスタイル」の6つの指示を与えることで画像を生成します。デザインをするのに必要な情報なので、なるべく詳細に指示することが重要です。

　以下が、これらの条件を組み込んだ generate_icon_image 関数です。

```
def generate_icon_image(product, target, ad_text, purpose_for_
design, request_for_design, image_tone_style):

    prompt = f'''\
あなたは優秀なデザイナーです。以下の仕様に基づいて、画像を生成してください。
仕様が曖昧・不明瞭な場合は、デザイナーとして必要な要件を適切に整理した上で、その要件に基づい
て画像を生成してください。その際には、画像の利用目的を最優先で進めてください。

ルール： """
- 画像の利用目的・画像の仕様・トーンやスタイルを優先する。
- 画像の仕様を実現するようシンプルに出力する。
- ターゲットに向けた画像とする
"""


仕様

商品情報"""
{product}
"""
```

```
    ターゲット"""
    {target}
    """


    広告テキスト"""
    {ad_text}
    """


    画像の利用目的"""
    {purpose_for_design}
    """


    デザインの条件"""
    {request_for_design}
    """


    画像のトーンやスタイル"""
    {image_tone_style}
    """
        '''
        response = generate_image(prompt=prompt)  # 前節の画像生成関数
        return response
```

　関数generate_icon_imageの引数として、「コミック・ロワイアル」に関する情報を与えます。商品情報であるproduct、訴求対象である変数targetは4.2.1項と同様に指定してください。広告テキストは商品のイメージを伝えるために使用します。ここでは4.2.4項の生成結果の中から1つ選びました。purpose_for_designに画像の使用用途を、request_for_designに画像の構図や題材などのデザイン要件を指定しています。image_tone_style は「コミック風」「モノクロ」など画像をどのようなトーンやスタイルで出力するかを指定します。

```
    # 広告テキストの指定（4章で作成したものから選択）
    ad_text = """
    - コミック風演出で新感覚、今すぐ冒険を始めよう！
    """
```

```python
# 画像の利用目的
purpose_for_design = """
- アプリアイコン
"""
```

```python
# デザインの条件
request_for_design = """
- 構図
    - 正方形のアプリアイコン1つのみを中央にまっすぐ配置。
    - アイコンを画像フレーム全体を埋めるサイズで大きく配置。
    - アイコンの周囲や背景は白い無地とする。
- 題材
    - 勇者とドラゴンが向き合う
"""
```

```python
# 画像のトーンやスタイルの指定
image_tone_style = """
- モノクロでコミック風に
"""
```

条件を揃えられたので、以下の要領で`generate_icon_image`を実行して、アプリのアイコンを生成します。

```python
response = generate_icon_image(
    product=product,
    target=target,
    ad_text=ad_text,
    purpose_for_design=purpose_for_design,
    request_for_design=request_for_design,
    image_tone_style=image_tone_style
)

print(response)  # 画像のURLを出力
```

URLが取得できました。画像を確認していきます。

```
display(Image(url=response))  # Colab上で画像を確認
```

　アプリのアイコンを生成することができました（図C.2）。指定した要素がしっかりと反映されていますね。

●図 C.2　generate_icon_image 関数での画像生成結果

　1パターンだけを見てデザインの方向性を決めるのではなく、複数パターンから絞りこんでいくほうが、より作りたいイメージに近いものにできます。そこで、generate_icon_image 関数を利用して、画像のトーンやスタイルを複数パターン指定して幅広くデザインアイデアを見てみましょう。

　ChatGPT の Web アプリケーションでこのパターン分けをしようとすると、繰り返し実行をしなければいけないなど作業が煩雑になりますが、API を用いたプログラムで生成しているので容易に実行できます。ここでは、image_tone_styles というリストに複数のトーンやスタイルを書き込んでおいて、それぞれのパターンで画像を生成していきます（図C.3）。

```
# image_tone_style以外のパラメータは先程と同じ

image_tone_styles = [
    "- アイコンをモノクロでコミック風に",
    "- アイコンを自然な色使いでリアルに",
    "- アイコンをカラフルで派手に"
]
```

```
for image_tone_style in image_tone_styles:
    print(f"トーンやスタイル: {image_tone_style}")
    response = generate_icon_image(
        product=product,
        target=target,
        copy_writing=copy_writing,
        purpose_for_design=purpose_for_design,
        request_for_design=request_for_design,
        image_tone_style=image_tone_style
    )

    print(response)
    display(Image(url=response))
```

● 図C.3　トーンやスタイル設定ごとの出力結果

　トーンやスタイルを変えた3つの画像を比較し、自分のイメージに近いデザインを模索します。トーンやスタイルの指定を変えることで、同じテーマであっても色合いが変わり、それぞれが異なった印象になります。他のトーンやスタイルを指定すれば、異なる条件にも対応できます。同様にして、構図や被写体の指定などの条件を変えて、生成された画像を比較してもよいでしょう。

よりしっくりくるデザイン案を得るには？

トーンやスタイルを複数指定して、デザインの幅を広げるのはよいやり方ですが、それでも意図しない出力になる可能性もあります。

そのようなときは、まず少ないパターンと出力でプロンプトに入れる条件を少しずつ変え、実現したいイメージを固めてみましょう。そこからトーンやスタイルの設定の幅を広げたり、出力する画像枚数を指定している引数n を 3〜5 くらいにしてみて、同じトーンやスタイルのまま表現が変わって出力される画像を参照してみることをおすすめします。そこから改善アイデアが得られるはずです。複数パターンを試す際には、前述の通り利用料金について注意するようにしてください。

生成画像の言語化

　ここまででコンセプトを画像に落とし込むことができるようになりましたが、デザイナーに発注するときは、イメージの言語化も必要です。この言語化は非常に重要で、デザインの質や完成までの時間を大きく左右します。デザイナー目線で情報を落とし込むのには経験とスキルが必要ですが、うまくできれば発注者とデザイナーの双方にとって時間と労力が節約できます。

　画像の言語化には、ChatGPT API を用います。以下で画像を言語化する `analyze_image` 関数を作成します。この関数はプロンプト（prompt）と分析対象の画像のURL（image_url）を引数に持ちます。

```python
from openai import OpenAI

def analyze_image(prompt, image_url):
    # APIキーの取得とクライアントの初期化
    client = OpenAI(api_key=userdata.get('CHATGPT_API_KEY'))

    # OpenAI APIを使用して画像分析
    response = client.chat.completions.create(
        model="gpt-4o-mini",
        messages=[
            {
                "role": "user",
```

```
            "content": [
                {"type": "text", "text": prompt},
                {"type": "image_url", "image_url": {"url":
image_url}}
            ],
        }
    ],
)

    return response.choices[0].message.content
```

　この**analyze_image**関数を用いて、画像の特徴を言語化してみましょう。「サービスコンセプトに基づく画像生成」にて生成した画像（ここでは図C.2の画像例）を分析対象とします。ここで注意ですが、ChatGPT APIで生成した画像のURLの有効期限は1時間なので、URLが有効なうちに使用してください。

```
image_url = "https://XXXX" # 自身で作成した画像例のURL
```

　画像の分析は、次のようなプロンプトを用いて行います。1.5項で触れたように、具体例を示すとより期待した回答を得やすくなります。

　ここでは「デザインの概要」「構図の詳細」「全体の印象」の3点について、項目とその回答例を具体的に指定しています。

```
prompt = '''
あなたは優秀なデザイナーです。与えられた画像をデザイナーの観点から分析し、画像の概要、構図の詳細な特徴、全体の印象を言語化してください。想像での加筆はせず、画像から直接読み取れる情報のみを記述してください。
言語化する際には［アウトプットの例］のフォーマットを参考にしてください。

［アウトプットの例］
# 概要
- 中央には、器に何かを混ぜる白いうさぎが描かれている。
```

- 背景には、大きな月と星々が輝いており、幻想的な夜空を形成している。
- 地面には岩や小さな物体が散らばり、うさぎの作業場を形成している。

構図の詳細
- **前景**： うさぎが中央に配置され、手元の器に集中している。うさぎの表情は穏やかで、作業に没頭している様子が伝わる。
- **中景**： 地面には小さな岩や材料が散らばっており、うさぎが周囲の環境と関わっている印象を与える。
- **背景**： 大きな月が画面のほぼ全体に存在感を持ち、空には星々や雲が点在していて、深い宇宙の感じを醸し出している。
- **色調**： 明るい色合いが主流で、とくに青や白のトーンが多く使われ、全体的に柔らかい印象を与えている。
- **階層とバランス：** 画面の下部にはうさぎと道具が、上部には月と星々が配置されており、視覚的なバランスが取れている。これによって、観る者の視線が自然とうさぎに向かうよう設計されている。

全体の印象
- 全体的に、かわいらしさと幻想的な要素が融合した心温まるイラスト。ファンタジーの要素と日常的な作業が組み合わさることで、親しみやすさと独自の物語性を感じさせる作品になっている。
- 見る人に穏やかな気持ちを与え、遊び心を感じさせるデザイン。
'''

以上で analyze_image 関数を実行する準備が整いました。実際に実行してみましょう。

```
print(analyze_image(prompt, image_url))
```

結果は次のようになりました。図C.2の特徴が細かく言語化されているのがわかると思います。

概要
- 中央には、剣を持つ戦士が二匹のドラゴンと対峙しているシーンが描かれている。
- 背景には、アーチ型の門があり、その周囲には石造りの柱が立っている。
- 前景には、戦士とともに武装した他の兵士たちが描かれ、バトルの緊迫感が伝わる。

構図の詳細

- **前景**: 戦士が画面の左側に立ち、両手で剣を構えている様子が迫力を持たせている。顔が見えないが、身体の向きから緊張感が感じられる。
- **中景**: 二匹のドラゴンが中央に配置されており、一匹は上から、もう一匹は下から攻撃する構えを見せている。ドラゴンの表情は凶悪で、戦士に対する挑戦的な姿勢が感じられる。
- **背景**: 石造りのアーチや柱が背景にあり、古代の城の一部分を思わせる構造物が、壮大さを倍増させている。
- **色調**: 白と黒のコントラストが強く、シャドウが効果的に使われており、全体的に重厚感とダイナミックさを演出している。
- **階層とバランス**: 画面の上部にはドラゴンが、中央には戦士が、下部には他の兵士たちが位置しており、視覚的に力強い印象を与えつつ、物語の緊迫感を強調している。

全体の印象
- 全体的に、ファンタジーの戦闘シーンが強烈に表現された作品であり、緊張感と興奮を呼び起こす力があります。
- 忍耐と勇気を感じさせ、観る者の想像力を掻き立てる魅力的なデザイン。

画像に含まれる要素やトーンやスタイルを言語化することができました。

この言語化はあくまで一例です。デザイナーに依頼する場合は、そのデザイナーが知りたがっている要件に沿ってまとめなおす必要があるので、どのように言語化すればいいかのコミュニケーションを先んじてしておき、プロンプトを整理しておくといいですね。

加えて、このままデザイナーに渡すのではなくしっかりと内容を確認し、情報の過不足を判断して自ら修正することを忘れないでください。ヒューマン・イン・ザ・ループの考え方を取り入れることで、デザイン制作の方向性をより明確にすることができます。

また、今回はアプリアイコンを例に紹介しましたが、4章のテキスト生成と組み合わせてSNS用の画像をDALL·Eで量産することもできます。ぜひ、ご自身で便利な使い方を探してみてください。

DALL·E 活用における倫理的な配慮

DALL·E を活用するにあたっては、倫理的な配慮も重要です。特定の個人やデザインを模倣したり、誤解を招く表現を避けるため、プロンプトの記述には注意が必要です。

たとえば、他のブランドや誰かの制作物に類似するデザイン（依拠性が高いもの）や、偏見を含んだり、差別的・暴力的な画像生成を避けることが求められます。そういった倫理ポリシーがあるため、DALL·E では著名なキャラクターや実在する人物の画像生成、不適切な画像やディープフェイクの生成が禁止されています。ときには画像の生成すら拒否されることもあります。

生成されたのなら大丈夫と思わず、生成された画像が誤解を与えないかどうかを考え、ブランドのメッセージを正確に伝える画像生成を心がけましょう。これらの注意点は生成AIに特有の配慮ではなく、従来のデザイン業務であっても同様です。

SQL文を生成して
データを抽出しよう

キーワード

データベース・データ分析・可視化

時短・コスト削減目安

1 か 月 あ た り 4 時 間

データ抽出の依頼を出しても、時間がかかるし、微妙な修正とかは自分でやりたいんですよね。でも、SQLは前に挑戦したけど、結局挫折しちゃったんだよなぁ。

それなら、AIにサポートしてもらえばできるんじゃないですか？ SQLも書いてくれますし、修正もすぐにできると思いますよ。使いたいデータもAPIを使えば簡単に連携できます。

え、それめっちゃ便利ですね！ 自分でデータをいじれるなら、仕事がかなり楽になりそうです。

　SQLとは、Structured Query Languageの略で、Excelのようにテーブルで構造化されたデータから必要な情報を抽出したり、データを追加・編集したりするためのデータベース言語です。

　一般的に、データベースから欲しいデータを抽出するためにはSQLの知識が必要です。

　本章では、APIを使って日本語で説明するだけでデータを抽出する方法を紹介します。まずはしくみを知るために、データベースとテーブル、SQLの概略を説明します。

この章でできること

- データの効率的な抽出
- SQLクエリ（以下「クエリ」）の自動生成
- データ抽出から分析、可視化までのプログラム化

5.1　データベースとテーブル

5.1.1　データベースの基本

データベースとは、その名の通りデータを保存・アクセス・管理するためのものです。 イメージとしては、大きな棚にいろいろな書類を整理して保管しているようなものです。

データベースには、テーブルと呼ばれる、情報を整理して保存するための箱のようなものがあります。このテーブルは、Excelやスプレッドシートのシートと似ています（図5.1）。たとえば、Excelのシートに、従業員の情報をまとめた表を作ったことがあるかもしれません。これは行と列を使って情報を整理していますよね。

- **列（Column）**：列はExcelのA, B, Cなどの縦の並びにあたり、それぞれ「従業員ID」「名前」「役職」「給与」などの項目が書かれている部分です。列には、同じ種類の情報が並んでいます。
- **行（Row）**：行はExcelの1, 2, 3などの横の並びにあたり、個々の従業員に関する情報が書かれている部分です。たとえば、1行目には「田中さんの従業員ID、名前、役職、給与」がまとめて記録されています。

データベースの「テーブル」は、まさにこのExcelのシートのようなもので、同じ種類のデータ（たとえば、従業員の情報）をまとめて保存しています。

従業員 ID	名前	役職	給与
1	田中 太郎	マネージャー	5,000,000
2	佐藤 花子	アナリスト	4,000,000

● 図5.1　テーブルの例：従業員情報

データベースの強み

Excelやスプレッドシートは数千から数万件のデータの管理には適していますが、数百万件以上のデータを扱う場合にはパフォーマンスが低下することがあります。一方、データベースは大規模なデータセットの管理に最適化されており、膨大なデータでも高速に検索や更新が可能です。たとえば、顧客情報を何百万件も管理するようなシステムでは、データベースの性能が必要不可欠です。

また、Excelやスプレッドシートでは、複数人が同時に編集する際にデータの不整合や誤入力が発生しやすいですが、データベースは一貫性を保つしくみを備えています。これにより、複数人が同時に操作しても矛盾が起きにくく、正確なデータを維持できます。

このように、データベースはより大規模で複雑なニーズに応えるための基盤として活用できます。

5.1.3 データの型

データベースでは「列」に入るデータには「ルール」を設定します。たとえば、「名前」という列には文字だけを入れる、「給与」という列には数字だけを入れる、といったルールです。これにより、間違ったデータが入力されることを防ぎ、データの正確さを保ちやすくなります。このルールを「型」と呼びます。

5.2 SQLの基礎

はじめに、まずSQLが何をするためのものなのかを簡単に理解しておきましょう。

5.2.1 ExcelとSQLの関係

Excelを使ったことがある方なら、「特定のデータだけを探したい」と思ったことがあるかもしれません。たとえば、売上データがたくさん入った表から「売上が高い順に並べ替えてトップ3を出力したい」や「特定の顧客の情報だけを表示したい」ということがありますよね。

Excelではフィルターやピボットテーブルなどの機能を使ったり、vlookupなどの関数を使って作業をします。しかし、条件が複雑になっていくとミスを誘発するだけでなく、後で見たときの解読のしにくさも発生してしまいます。また、大量のテーブルを一気に処理しようとすると動作が重くなってしまうこともあります。一方でSQLを使えば、多くのテーブルか

ら必要な情報を効率よく取り出したり、整理したりすることができるようになります。

5.2.2 SQLの役割

SQLは、データベースに対して「どんなデータが欲しいのか」を伝えるための言語です。
たとえば、「すべての顧客の名前をください」といった具合にお願いすることができます。
SQLでは、こういったお願いを「クエリ」と呼びます。

5.2.3 クエリの基本

SQLのクエリは、Excelで言うところの「探したいデータの条件を指定すること」に相当します。クエリを書くことで、データベースに「どのテーブルのどの列を取り出すか」や「どの順番で並べ替えるか」を指定し、欲しい情報を効率的に取り出すことができます。

SQLを使ってデータベースからデータを取り出すには、専用のPCは必要ありませんが、インターネット接続可能な端末とデータベースへのアクセス権（接続情報や認証情報）が必要です。無料のクラウドサービス（例：Google Colaboratory や BigQuery）を使えば、初心者でも手軽にSQLを試すことができます。

5.2.4 クエリの例

データを抽出するクエリ

テーブルの中身を取り出したり、新たにデータを追加したりするために、SQLのクエリが必要です。

たとえば、従業員情報が記載されている employees というテーブルから従業員全員の名簿を取得するには、以下のようなクエリを記述します。

```sql
SELECT * FROM employees;
```

このクエリを実行すると employees というテーブルからすべての内容（すべての列、すべての行）を取得することができます。初めてのクエリなので上記のクエリの説明をします。

1. SELECT
- **意味**：「選び出す」という意味です。
- **役割**：この部分で「特定のデータ列を選び出す」ことを指示しています。
- **たとえ**：書類棚から特定の書類を選び出すようなイメージです。

2. ＊（アスタリスク）
- 意味：「すべて」を表します。
- 役割：「テーブルにあるすべての列（項目）」を選び出すことを指示しています。
  この「*」は、すべての列を選択するという意味です。
- たとえ：書類棚からすべての書類を選び出すイメージです。

3. FROM employees
- 意味：「employees というテーブルから」
- 役割：データをどこから選び出すかを指定します。ここでは、employees というテーブル（従業員情報が保存されている表）からデータを選び出すことを指示しています。
  - テーブル：データベースでは、情報をまとめて保存するための「表（テーブル）」が使われます。employees テーブルには、従業員の名前、役職、給与などが入っています。
- たとえ：書類棚から、従業員に関する書類を取り出すイメージです。

4. ；（セミコロン）
- 意味：クエリ（命令）の終わりを示します。
- 役割：データベースに対する命令がここで終了したことを示します。セミコロンがあることで、コンピューターは命令が完結したことを認識します。

　このクエリは、データベース内のemployees（従業員情報）というテーブルから、すべての情報（すべての列、すべての行）を取得する命令です。たとえば、employeesテーブルには「従業員ID」「名前」「役職」「給与」といった情報が含まれているとすれば、このクエリを実行すると、これらすべてのデータを一覧で表示することができます。

テーブルを作成するクエリ
　もう1つだけクエリの紹介をします。最後に、これだけ理解すればクエリの自動生成は簡単にできるようになります。

```
CREATE TABLE employees (   -- 「employeesという名前のテーブルを作る」命令
    id INT PRIMARY KEY,   -- 従業員ごとの一意に定まる識別番号
    name VARCHAR(100),   -- 従業員の名前
    position VARCHAR(50),   -- 従業員の役職
    salary INT. -- 従業員の給与
);
```

　このクエリは、先ほど説明したデータベースのテーブルを作成するものです。データベース内に従業員の情報を保存するための「箱」を作るイメージです。

　テーブルを作成する際には、そのテーブルにどのような情報を保存するかを定義する必要があります。このクエリでは、employees（従業員）というテーブルを作成し、その中に4つの列（id、name、position、salary）を作ります。

　各列にはそれぞれ異なるデータ型（数値や文字列）が指定されており、従業員のID、名前、役職、給与の情報が保存されます。

　「データベースにどんなテーブルがあり、それぞれのテーブルにどんなカラム（列）があるかなどを定義した、データベースの設計図」のことをデータベーススキーマ（以下、「スキーマ」）と言います。

 SQLを使う上での注意点

SQLはデータベースに入っている情報を簡単に抽出できるので非常に強力な武器になりますが、その便利さゆえに取り出してはいけないデータも取得できることがあります。企業によってはとくに**個人情報や機密情報**を抽出することができることもあるため、抽出して使ってもよい情報はどれか、企業の**データ管理者と相談しながら利用するようにしてください。**

　これらのクエリは単純ですが、SQLに馴染みのない人には理解しづらいかもしれません。また、久しぶりにクエリを書く人も文法を思い出せず、すぐに書けないこともあります。そんなとき、「**日本語で欲しいデータを指示するだけで、LLMでクエリが自動生成されるもの**」があると便利です。

　今回は、LLMを使って「日本語で欲しいデータを指示するだけで、SQLが自動生成されるもの」を実現します。

SQLをLLMで生成しよう

では、実際にLLMにクエリを記述させてみましょう。SQLの知識や経験がある方が望ましいですが、なくても問題ありません。

必要なものは下記の通りです。

- ChatGPT API
- Google Colaboratory
- データベーススキーマ（データベースにどんなデータが入っているかの情報）
  - テーブル名
  - カラム名、データの型

手順は以下の2ステップです。

❶ LLMに対してデータベースにどんなデータが入っているのかを教える。
❷ LLMに対して日本語で詳細に指示して取り出したいデータを抽出する。

5.3.1 データベースにどんなデータが入っているのかを教える

データベースにどんなデータが入っているのかをLLMに教えるのは、SQLの基本を理解していれば、すごく簡単です。**実はテーブルを作成するクエリで紹介した以下のクエリをuser ロールの中身に貼り付けるだけです。**

```sql
CREATE TABLE employees (
    id INT PRIMARY KEY,
    name VARCHAR(100),
    position VARCHAR(50),
    salary INT
);
```

実際の記載は下記のようになります。LLMはテーブルを作成するクエリをインプットすると「データベースはこうなっているのか」というように理解してくれます。

```
user_message_for_gen_summary = """以下のデータベーススキーマと与えられたユーザーの要望か
らSQLを生成してください。

## データベーススキーマ
CREATE TABLE employees (
    id INT PRIMARY KEY,
    name VARCHAR(100),
    position VARCHAR(50),
    salary INT
);"""
```

5.3.2　データを日本語で指示して抽出する

次に、先ほど用意したデータベーススキーマの情報の下に、実際に欲しいデータを日本語で詳細に記述します。**記述内容は誰が見ても同じ解釈になるようにするのがコツです。**

```
user_message_for_gen_summary = """以下のデータベーススキーマと与えられたユーザーの要望か
らSQLを生成してください。

## データベーススキーマ
CREATE TABLE employees (
    id INT PRIMARY KEY,
    name VARCHAR(100),
    position VARCHAR(50),
    salary INT
);

## ユーザーの要望
従業員の給与が高い順に、従業員の名前を並べてほしい"""
```

これらをまとめて実際に動くコードを記述します。生成は2章で定義したget_gpt_response関数を利用します。!pip install openaiと、get_gpt_response関数を定義するコードを一度実行しておいてください。

```
# systemロールとuserロールの定義
system_message_for_gen_summary = """あなたのタスクはデータベーススキーマを元に、与えられ
たユーザーリクエストに応じてSQLを生成することです。"""
user_message_for_gen_summary = """以下のデータベーススキーマと与えられたユーザーの要望か
らSQLを生成してください。

## データベーススキーマ
CREATE TABLE employees (
    id INT PRIMARY KEY,
    name VARCHAR(100),
    position VARCHAR(50),
    salary INT
);

## ユーザーの要望
従業員の給与が高い順に、従業員の名前を並べてほしい"""

# 2章で定義した関数でChatGPT APIリクエストを送信する
response = get_gpt_response(
    system_message=system_message_for_gen_summary,
    user_message=user_message_for_gen_summary
)
# 結果を出力
print(response)
```

筆者の手元では、このようなレスポンスが返ってきました。

```
以下のクエリを使用して、従業員の給与が高い順に従業員の名前を並べることができます。

```sql
SELECT name
FROM employees
ORDER BY salary DESC;
```
```

　必要に応じてLLMにこのクエリを貼り付けて意味を聞けば解説してくれます。ざっくりと
説明すると、このクエリは、employees（従業員）テーブルから「名前」だけを選び、給与

（salary）を基準にして「高い順」に並べ替えたリストを表示する命令です。このクエリを実行すると、もっとも給与が高い人から順番に名前が並べられます。

たとえば、もしemployeesテーブルが以下のようなデータを持っていたとします。

employeesテーブル

id	name	position	salary
1	田中　太郎	マネージャー	5000000
2	佐藤　花子	アナリスト	4000000
3	鈴木　一郎	エンジニア	4500000

このクエリを実行すると、結果は以下のようになります。

```
name
田中　太郎
鈴木　一郎
佐藤　花子
```

従業員の名前が、給与の高い順に並べられています。田中　太郎は500万円で一番高く、次に鈴木　一郎、最後に佐藤　花子という順番です。

OpenAIが公式で出している便利情報

OpenAI Platformの左側のタブの「RESOURCES」の「Prompt examples」のページの検索窓に「SQL」と入力すると「Natural language to SQL[1]」が出てくるのでクリックして見てみてください。これは「Natural language to SQL」という、自然言語からSQLを出力するサンプルコードです。ここまで紹介したクエリの自動生成の入力と出力のサンプルが載っているので、参考にしてみてください。

---

[1] https://platform.openai.com/docs/examples/default-sql-translate

複雑なクエリの自動生成

先ほどは簡単なデータベーススキーマを使用してSQLの自動生成を行いましたが、実際の
データベーススキーマはもっと複雑です。OpenAIが公開しているECサイトや小売業の注文
管理システムのデータ構造を模倣した商品の注文データをもとに、もう少し複雑なケースを
考えてみましょう。

たとえば以下のECサイトの注文データを例にとってみましょう。

Orders テーブル（顧客が行った各注文に関する情報）

OrderID	CustomerID	OrderDate	OrderTime
1	101	2024-12-01	10:00:00
2	102	2024-12-02	11:30:00
3	103	2024-12-03	14:45:00

OrderDetails テーブル（各注文に含まれる商品の詳細情報）

OrderDetailID	OrderID	ProductID	Quantity
1	1	201	2
2	2	202	1
3	3	203	3

Products テーブル（販売されている商品に関する情報）

ProductID	ProductName	Category	UnitPrice	Stock
201	Widget A	Widgets	9.99	100
202	Gadget B	Gadgets	19.99	200
203	Doohickey C	Doohickeys	29.99	150

Customers テーブル（顧客に関する情報）

CustomerID	FirstName	LastName	Email	Phone
101	John	Doe	john.doe@example.com	123-456-7890
102	Jane	Smith	jane.smith@example.com	987-654-3210
103	Bob	Johnson	bob.johnson@example.com	555-555-5555

上記のように「注文情報」「注文詳細情報」「商品情報」「顧客情報」に関連するテーブルが1つずつあるとします。SQLでは1つのテーブルだけからデータを抽出・操作するのではなく、通常は複数のテーブルを参照してうまく組み合わせながらデータを抽出することがほとんどです。

　データベーススキーマは以下のようになっています。このデータベーススキーマの概要は136ページを参照してください。

```sql
CREATE TABLE Orders (
    OrderID int,
    CustomerID int,
    OrderDate datetime,
    OrderTime varchar(8),
    PRIMARY KEY (OrderID)
);

CREATE TABLE OrderDetails (
    OrderDetailID int,
    OrderID int,
    ProductID int,
    Quantity int,
    PRIMARY KEY (OrderDetailID)
);

CREATE TABLE Products (
    ProductID int,
    ProductName varchar(50),
    Category varchar(50),
    UnitPrice decimal(10, 2),
    Stock int,
    PRIMARY KEY (ProductID)
);

CREATE TABLE Customers (
    CustomerID int,
    FirstName varchar(50),
    LastName varchar(50),
    Email varchar(100),
```

```
    Phone varchar(20),
    PRIMARY KEY (CustomerID)
);
```

　複雑なデータベーススキーマでも、正しくデータベーススキーマを読み込ませて正確に LLM に質問することで、正しいクエリを生成することができます。「2024-12-01 の全注文の平均注文総額を計算する SQL を書いてください」と LLM にリクエストしてみましょう。

```
# systemロールとuserロールの定義
system_message_for_gen_summary = """あなたのタスクはデータベーススキーマを元に、与えられ
たユーザーリクエストに応じてSQLを生成することです。"""
user_message_for_gen_summary = """以下のデータベーススキーマと与えられたユーザーの要望か
らSQLを生成してください。

## データベーススキーマ
CREATE TABLE Orders (
    OrderID int,

    PRIMARY KEY (CustomerID)
);

## ユーザーの要望
2024-12-01の全注文の平均注文総額を計算するSQLを書いてください。"""

# 2章で定義した関数でChatGPT APIリクエストを送信する
response = get_gpt_response(
    system_message=system_message_for_gen_summary,
    user_message=user_message_for_gen_summary
)
# 結果を出力
print(response)
```

　筆者の手元では、次のようにレスポンスが返ってきました。同じクエリでも大文字で出力される場合や小文字の場合があり、ばらつきがありますが、クエリの意味することは同じです。

以下のクエリは、2024-12-01の全注文の平均注文総額を計算します。

```sql
SELECT AVG(TotalAmount) AS AverageOrderTotal
FROM (
    SELECT o.OrderID, SUM(p.UnitPrice * od.Quantity) AS TotalAmount
    FROM Orders o
    JOIN OrderDetails od ON o.OrderID = od.OrderID
    JOIN Products p ON od.ProductID = p.ProductID

    WHERE CAST(o.OrderDate AS DATE) = '2024-12-01'
    GROUP BY o.OrderID
) AS OrderTotals;
```

レスポンスで返ってきたクエリの概要は以下の通りです。

❶ サブクエリ内で、各注文の詳細情報を結合し、注文ごとに商品価格と数量を掛け合わせて合計し合計金額（`TotalAmount`）を計算する。

❷ 各注文のIDごとに合計金額をグループ化し、サブクエリで「注文の合計金額」を取得する。

❸ 外側のクエリで、それらの合計金額の平均値（`AverageOrderTotal`）を計算する。

　データを取得するためのSQLを生成することができました。このように複数のテーブルを扱う場合でも、データベーススキーマを読み込ませてLLMに質問することで、正しいSQLを生成することができます。

　ただし、生成されたクエリがすべて正しいわけではなく、非常に複雑なデータベーススキーマや曖昧な質問の場合には、LLMも間違った出力をすることがあるので注意が必要です。**毎回LLMが生成した結果をそのまま使うことはせず、きちんと確認を行った上で利用するようにしましょう。**

5.5　SQL生成の限界と工夫

　LLMも間違えることがあります。たとえば、テーブルが100個あるケースを考えてみましょう。データベーススキーマが長くなると、LLMも間違ったレスポンスをしがちです。

LLMが間違える理由は以下の3つが考えられます。

5.5.1 LLMがSQL生成に失敗する主な理由

1. データベーススキーマの複雑性と関係性の理解不足

LLMが各テーブル同士の関係性を正確に理解するのが難しくなります。プロンプトにデータベーススキーマを記載する場合の解決方法はこれまで本書で記載した通りです。

2. 複雑なクエリ構造

多くのテーブルを扱うクエリは、サブクエリ・結合・グループ化・集計などを含む複雑な構造になることが多くなります。

3. 入力した自然言語の限界

日本語のような私たち人間が使う自然言語は多義的であり、1つの表現が複数の意味を持つことがあります。ユーザーの意図を正確に解釈するのが難しく、その結果として誤ったクエリを生成することがあります。

実務では、多くのテーブルを持ったデータベースを扱う機会が必ず発生します。これらの問題を解決するためには、1つずつ問題を潰していくことが重要です。

5.5.2 LLMがSQL生成に失敗する主な理由への解決策

前項ではLLMがSQL生成に失敗する主な理由を挙げました。本項では、この問題に対してどのような解決策を取ることができるのかを説明します。

1. 入力内容の明確化

LLMに対して正確な指示を与えるために、以下の項目を参考にするとクエリの生成がうまくいく可能性が上がります。

● 欲しいデータを具体的に伝える

たとえば、「売上データをください」では漠然としすぎてしまいます。「2024年7月の売上データ」や「都道府県ごとの売上データ」といった形で、どのデータが欲しいのかを具体的に説明するようにしましょう。

● 条件を具体的に伝える

「大きな売上」とか「多いデータ」といった曖昧な言葉は避けましょう。「売上が10,000円

以上のデータ」や「販売数が100個を超えたデータ」のように、数値や具体的な基準を示すと分かりやすくなります。

● **必要な項目を具体的に伝える**
「顧客情報をください」ではなく、「お客様の名前とメールアドレスが欲しい」といった形で、必要な項目を具体的に伝えましょう。たとえば、「名前」「住所」「電話番号」などの情報が欲しい場合、それをしっかり書き出すとAIも理解しやすくなります。

● **データをどう整理したいか伝える**
たとえば、「売上データをください」だけではなく、「売上の多い順に並べてください」といったように、データをどの順番で見たいかを伝えると、より役立つ結果が得られます。

このように、細かい部分まで具体的に伝えることが、AIに正確な指示を出すコツです。初めてでもこれらのポイントを意識すれば、データベースの知識がなくても適切なデータが手に入りやすくなります。

2. 補助的な情報の提供
自然言語入力の限界を補うため、入力された情報に基づいてLLMが正確に理解できるよう、説明文や注釈を加えます。たとえば、テーブルやカラムの意味や用途を事前に説明しておくことで、LLMが誤解するリスクを減らすことができます。

たとえば、以下のように、データベーススキーマに説明文を加えることで、LLMが各テーブルやカラムの役割をより正確に把握できるようにします。

例：注文管理システムのテーブルに説明文を追加

```sql
-- Ordersテーブルは、顧客の注文情報
CREATE TABLE Orders (
    OrderID int,            -- 注文を一意に識別するためのID
    CustomerID int,         -- 顧客を一意に識別するためのID
    OrderDate datetime,     -- 注文の日付
    OrderTime varchar(8),   -- 注文の時間（時間部分のみ）
    PRIMARY KEY (OrderID)   -- 主キーはOrderID
);

-- OrderDetailsテーブルは、各注文の詳細情報
CREATE TABLE OrderDetails (
    OrderDetailID int,      -- 注文詳細を一意に識別するためのID
    OrderID int,            -- OrdersテーブルのIDを参照する外部キー
    ProductID int,          -- ProductsテーブルのIDを参照する外部キー
    Quantity int,           -- 注文した商品の数量
    PRIMARY KEY (OrderDetailID) -- 主キーはOrderDetailID
);

-- Productsテーブルは、商品情報
CREATE TABLE Products (
    ProductID int,          -- 商品を一意に識別するためのID
    ProductName varchar(50), -- 商品の名前
    Category varchar(50),    -- 商品のカテゴリ
    UnitPrice decimal(10, 2),-- 商品の単価
    Stock int,              -- 商品の在庫数
    PRIMARY KEY (ProductID) -- 主キーはProductID
);

-- Customersテーブルは、顧客の情報
CREATE TABLE Customers (
    CustomerID int,         -- 顧客を一意に識別するためのID
    FirstName varchar(50),  -- 顧客の名
    LastName varchar(50),   -- 顧客の姓
    Email varchar(100),     -- 顧客のメールアドレス
    Phone varchar(20),      -- 顧客の電話番号
    PRIMARY KEY (CustomerID) -- 主キーはCustomerID
);
```

上記のようにテーブルに説明文を追加することで、LLMはテーブルやカラムの役割をより理解しやすくなります。userロールを以下のように設定してみましょう。

```
# systemロールとuserロールの定義
system_message_for_gen_summary = """あなたのタスクはデータベーススキーマをもとに、与えられたユーザーリクエストに応じてSQLを生成することです。"""
user_message_for_gen_summary = """以下のデータベーススキーマに基づいて、2024年12月1日の注文総額を計算するSQLを生成してください。

## データベーススキーマ
-- Ordersテーブルは、顧客の注文情報を保持します
CREATE TABLE Orders (
    OrderID int,          -- 注文を一意に識別するためのID
    CustomerID int,       -- 顧客を一意に識別するためのID

    PRIMARY KEY (ProductID) --主キーはCustomerID
);

## ユーザーの要望
2024-12-01の日付に行われたすべての注文の合計金額を計算してください。"""
```

　このように、データベースのスキーマやカラムに対する詳細な説明文を含めることで、LLMはデータベース構造の中身を把握することができるので、より複雑な場合にも正しいクエリを生成することができるようになります。

5.6　SQLで出てきたデータを可視化しよう

　SQLからは少し離れた話題になりますが、SQLを使ってデータベースから情報を抽出しただけでは、データを理解するのが難しい場合があります。そのようなときに役立つのがデータの「可視化」です。グラフやテーブルなどを利用してデータを視覚的に理解できるように表現することで、データの傾向やパターンが一目で分かり、より深い洞察が得られるようになります。例として次のテーブルを使います。

Products テーブル（販売されている商品に関する情報）

ProductID	ProductName	Category	UnitPrice	Stock
201	Widget A	Widgets	9.99	100
202	Gadget B	Gadgets	19.99	200
203	Doohickey C	Doohickeys	29.99	150

　今回はGoogle Colaboratoryを使っているのでPythonで記述することになりますが、Pythonには便利なツールがいくつかあります。その中でも「pandas（パンダス）」というライブラリは、Excelのようにデータを扱うのに非常に役立ちます。ここでは、pandasを使ってデータを読み込み、さらにSQLのような操作を行い、データを可視化する手順を紹介します。

5.6.1　pandasとデータフレーム

　pandasは、Pythonでデータを操作・分析するためのツールです。 pandasを使うと、「データフレーム」というExcelの表のような構造でデータを扱うことができます。データフレームは行と列でデータを管理し、データの加工や分析を簡単に行うことができます。

　ある商品のデータをデータフレームとして読み込んでみましょう。

```python
import pandas as pd

# Products テーブルを Pandas DataFrame に読み込み
data = {
    'ProductID': [201, 202, 203],
    'ProductName': ['Widget A', 'Gadget B', 'Doohickey C'],
    'Category': ['Widgets', 'Gadgets', 'Doohickeys'],
    'UnitPrice': [9.99, 19.99, 29.99],
    'Stock': [100, 200, 150]
}

df = pd.DataFrame(data)
print(df)
```

データの分析 —— 在庫価値の計算

次に、各商品の「在庫価値」を計算してみます。ここでいう在庫価値とは、商品単価（UnitPrice）と在庫数（Stock）の掛け算によって得られる値です。pandasを使うことで、データフレームに対して計算を簡単に行うことができます。

```python
# 在庫価値を計算するために、UnitPriceとStockを掛け算して各商品の在庫価値を計算
df['StockValue'] = df['UnitPrice'] * df['Stock']

# 結果を表示
print(df[['ProductName', 'Category', 'StockValue']])
```

このコードで、StockValueという新しい列がデータフレームに追加され、各商品の在庫価値が計算されます。

5.6.3　データの可視化

次に、商品カテゴリーごとの在庫価値を計算し、それをグラフで可視化してみます（図5.2）。pandasで集計した結果を使い、可視化にはPlotlyというグラフ描画ライブラリを用います。Plotlyで作成したグラフはインタラクティブに操作可能なため、グラフの理解がしやすいのでおすすめです。Excelのグラフ機能のように、棒グラフ、折れ線グラフ、円グラフなどさまざまな種類のグラフを作成することができ、データの傾向やパターンを一目で理解するのに役立ちます。

```python
import plotly.graph_objects as go

# カテゴリーごとの在庫価値を計算
category_stock_value = df.groupby('Category')['StockValue'].sum().reset_index()

# バーチャートの作成
fig = go.Figure(data=[
    go.Bar(
        x=category_stock_value['Category'],
        y=category_stock_value['StockValue'],
```

```
        marker=dict(color='skyblue')
    )
])

# レイアウトの調整
fig.update_layout(
    title='Stock Value by Category',
    xaxis_title='Product Category',
    yaxis_title='Stock Value (USD)',
    xaxis_tickangle=45,
    yaxis=dict(showgrid=True, gridcolor='rgba(0,0,0,0.2)'),
    template='plotly_white'
)

# グラフの表示
fig.show()
```

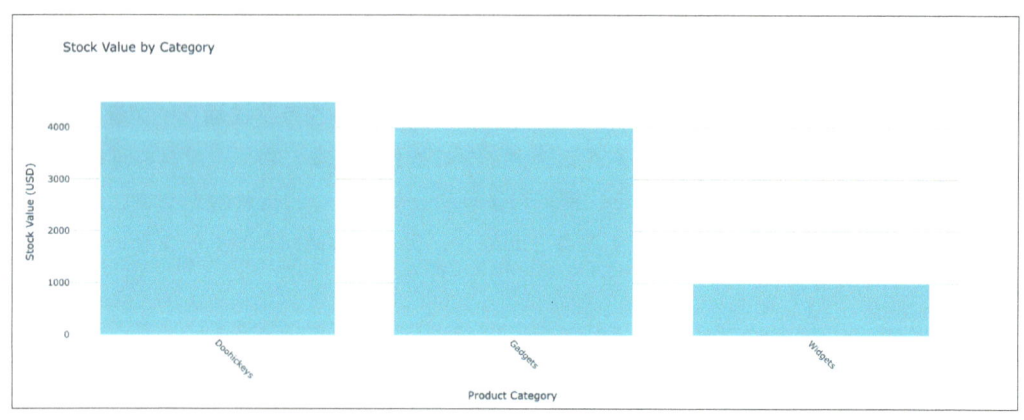

● 図5.2　商品カテゴリーごとの在庫価値のグラフ

5.6.4　可視化によるデータの理解

　このグラフにより、数値だけでは見えにくかった情報を視覚的・直感的に理解することができます。たとえば、どのカテゴリーの商品の在庫価値がもっとも高いのか、またはどのカテゴリーにとくに注目すべきかをグラフで一目で確認できます。

　元データが単純だったので今回のグラフもシンプルになっていますが、"Doohickeys"カテゴリーの在庫価値が他のカテゴリーよりも高いことが分かります。こうした情報は在庫管理

や仕入れの計画をするときに一目で理解できるので役に立ちます。

さらに挑戦したい人は

- **高度なクエリ生成**：JOIN、GROUP BY、HAVINGなどの複雑なSQL文を生成してみましょう。
- **APIと接続**：APIからのデータをSQLで処理する応用方法として、APIで取得したデータをデータベースに保存し、SQLクエリを用いて効率的に集計や分析を行うことができます。これにより、リアルタイムでのデータ処理や複雑なデータ解析が可能となります。

これだけは覚えたい！基本ポイント

- LLMが正確なクエリを生成するには、テーブル構成やカラム情報などのスキーマを事前に伝えることが必須です。たとえば、CREATE TABLE employees (id INT, name VARCHAR(100), salary INT);のように具体的な構造を共有しましょう。
- 曖昧な指示では意図したクエリを生成できないため、「給与が高い順に従業員の名前を並べてほしい」といった明確で具体的な要求を伝えましょう。
- 抽出したいカラムや条件を具体的に伝えることで、意図通りの結果を得られます。たとえば、「2024年の全注文の平均注文額を計算して」と範囲や対象を明確に指定してください。

複雑なデータを
簡単に分析しよう

キーワード

データ抽出・クラスタリング・結果解釈

時短・コスト削減目安

1 か 月 あ た り 6 時 間

ちょっと時間ある？　急なんだけど、来週のプレゼンのために先行きの景況感の分析が必要になったんだ。通常の締め切りよりもかなり短いんだけど、なんとか間に合うようにしてもらえないかな？

はい、頑張ってみます。最近のマーケティングは、単にマス向けじゃなくて、景気に合わせたり細かくターゲティングしていく必要があって大変ですよね。景気データは数値じゃないから、解釈が難しくて……。LLMでどうにかできないですかね。

テキストのデータなら、要約をすればいいんじゃないですか？

データがたくさんあって、それを解釈したいので、単純な文章の要約とは違うのですよね。

　データ分析のためには、分析するためのデータ加工が必要です。また、集計結果が直感的に理解できる場合は問題ないですが、複雑な対象を相手にすればするほど、解釈の難易度は上がります。さらに、分析者が分析対象に関する周辺知識をあまり持っていない場合であっても、分析の専門家として意見を求められるケースがあります。

　LLMを用いれば、わずかなデータ加工で分析が可能になります。さらに、データの分析と解釈をLLMでサポートできるようにすることで、業務効率を大幅に改善することができます。

- **アンケート、数値データの分析**
- **データの取得、加工、解釈**
- **LLMによるインサイトの獲得**

6.1 　定性データを分析しよう

　まずは、**アンケートのような定性データの傾向を掴む方法を紹介します**（図6.1）。単純なチャット形式のAI利用では、定性データをLLMが評価しやすい形にする工程を別で行わなければならず、一気通貫で処理ができません。そこで、APIを使ってプログラムで実行します。また、**汎用的なプロンプトを用いることで、個人だけでなくチームや会社の業務効率を一気に改善できるようになります。**

● 図6.1　定性データの分析はAIの得意分野

6.1.1 景気動向を調査する

今回は、マーケティング施策を立案するときの参考にするために、景気ウォッチャー[*1]と呼ばれる調査を利用します。景気ウォッチャーとは、内閣府が実施している、各業界に今の景気に対する実感を聞いたヒアリング調査です。

簡単なサマリー[*2]は公開されていますが、自分の目的に合わせた分析や、知りたい部分の深堀りをしたい場合に、LLMによってアンケート結果を分析できます。

これをうまく使えば、好景気の業界を狙って宣伝活動ができるかもしれません。たとえば、タクシー業界が順調であればタクシー広告を打つことで、通常よりも高い効果を見込むことができるなど、応用の幅は大きいでしょう。

6.1.2 景気ウォッチャーのデータを取得する

まずは、景気ウォッチャーのデータを取得します（図6.2）。たとえば、令和6年7月における景気判断理由集のCSVファイルは 、内閣府の「令和6年7月調査（令和6年8月8日公表）：景気ウォッチャー調査」のページ[*3]の下部にある「景気判断理由集（先行き）（CSV形式：294KB）」です。右クリックして「リンクのコピー」を押すとデータのURLがコピーできます。

	A	B	C	D	
1	II．景気の先行きに対する判断理由				
2					
3	景気の先行きに対する判断の理由について、その主だったもの及び特徴的と考えられるものを取りまとめると以下のとおりであった。				
4					
5					
6	1．北海道（地域別調査機関：株式会社北海道二十一世紀総合研究所）				
7					（－：回答が存在しない、＊：主だった回答等が存在しない）
8	分野		景気の先行き判断	業種・職種	景気の先行きに対する判断理由
9	家計 動向 関連 (北海道)		◎	旅行代理店（従業員）	・夏の観光繁忙期を迎えていることから、今後も国内客、外国人観光客の増加を期待できる。一方、国際線
10			○	一般小売店［土産］（経営者）	・天候に恵まれたこと、大型客船の寄港が２回あったこと、周辺観光地を訪れている欧米客の来店が増えた
11			○	一般小売店［酒］（経営者）	・今年に入ってから売上に力強さが戻っており、今後もこうした流れは続くことになる。
12			○	スーパー（店長）	・現在の好調な動向が今後も続き、旅行需要や冬物衣料への積極的な支出につながると期待している。
13			○	衣料品専門店（エリア担当）	・この夏の人流はコロナ禍前に匹敵するほどだった。今後は、旅行需要なども一段落し、支出が衣料品に向
14			○	自動車備品販売店（店長）	・報道がパリオリンピック中心となり、政治経済の話題が少なくなっている。物価高や円安などの言葉も余
15			○	住関連専門店（役員）	・以前と比べると、買い控えの雰囲気が和らいでいるため、これから消費が上向くことになる。
16			○	高級レストラン（スタッフ）	・年度末になると、今と客層が変わってくるが、様々な対策を行うことで落ち込みがないように推移すると
17			○	旅行代理店（従業員）	・電話やメールでの問合せ件数が、前月から好調に推移しているため、今後の景気はやや良くなる。
18			○	タクシー運転手	・夏を迎えて、道外客の入込が増えており、今後も好調に推移するとみられる。コロナ禍前の水準に回復す
19			○	観光名所（従業員）	・外国人観光客の入込も、当施設の利用者も、これまでの勢いに陰りはみられない。また、アニメの聖地巡
20			○	その他サービスの動向を把握でき	・秋頃にツアーが増加するという情報があるため、今後の景気はやや良くなる。実際に予約数も伸びている。

図6.2 景気ウォッチャーのデータ

＊1 https://www5.cao.go.jp/keizai3/watcher/watcher_menu.html
＊2 https://www5.cao.go.jp/keizai3/watcher_index.html
＊3 https://www5.cao.go.jp/keizai3/2024/0808watcher/menu.html

コピーしたURLを以下のコード内にあるsurvey_urlのイコールの後に転記します。このコードを実行することでこのデータをダウンロードし、Python上で処理できるようにします。この調査では◎から×で5段階評価されていますが、ハルシネーションが発生していないかの確認をしやすくするためにmark_to_pointという関数を作成し、数値に換算します。

```python
import pandas as pd
import numpy as np

def mark_to_point(mark):
    if mark == "◎":
        return 5
    elif mark == "○":
        return 4
    elif mark == "□":
        return 3
    elif mark == "▲":
        return 2
    elif mark == "×":
        return 1
    else:
        return None

def col1_to_area(col1):
    if col1.find("北海道") != -1:
        return "北海道"
    if col1.find("東北") != -1:
        return "東北"
    if col1.find("北関東") != -1:
        return "北関東"
    if col1.find("南関東") != -1:
        return "南関東"
    if col1.find("甲信越") != -1:
        return "甲信越"
    if col1.find("東海") != -1:
        return "東海"
    if col1.find("北陸") != -1:
        return "北陸"
```

```python
        if col1.find("近畿") != -1:
            return "近畿"
        if col1.find("中国") != -1:
            return "中国"
        if col1.find("四国") != -1:
            return "四国"
        if col1.find("九州") != -1:
            return "九州"
        if col1.find("沖縄") != -1:
            return "沖縄"
    return None


def fetch_economy_watchers_survey(url):
    df = pd.read_csv(url, names=["col1", "col2", "col3", "col4", "col5"])
    for record in df.to_dict("records"):
        if col1_to_area(str(record["col1"])) is not None:
            area = col1_to_area(str(record["col1"]))

        point = mark_to_point(record["col3"])
        if point is not None:
            data = {
                "地域": area,
                "景気の先行き判断": point,
                "業種・職種": record["col4"],
                "景気の先行きに対する判断理由": record["col5"],
            }
            yield data


survey_url = "https://www5.cao.go.jp/keizai3/2024/0808watcher/watcher5.csv"
df = pd.DataFrame(fetch_economy_watchers_survey(survey_url))
df.head()
```

　最後の行にある`df.head()`で、ダウンロードされたデータの先頭5行を確認できます。表6.1のようになっていることがわかります。地域ごとに調査されていて、景気の先行き判断理由が記述されています。

地域	景気の先行き判断	業種・職種	景気の先行きに対する判断理由
北海道	5	旅行代理店（従業員）	・夏の観光繁忙期を迎えていることから・・・
北海道	4	一般小売店［土産］（経営者）	・天候に恵まれたこと・・・
北海道	4	一般小売店［酒］（経営者）	・今年に入ってから売上に力強さが戻っており・・・
北海道	4	スーパー（店長）	・現在の好調な動向が今後も続き・・・
北海道	4	衣料品専門店（エリア担当）	・この夏の人流はコロナ禍前に匹敵するほどだった。今後は・・・

6.1.3　LLMに好景気の業界とその理由を特定させる

　2章で作成したget_gpt_response関数を利用して、分析してほしい内容とデータを与えます。!pip install openaiと、get_gpt_response関数を定義するコードを一度実行しておいてください。system_messageにはデータの内容と分析依頼を書き、user_messageに軽量なデータの形式であるCSV形式で、"業種・職種"と"景気の先行きに対する判断理由"を書き込むことで、この2つをプロンプトに与えます。このデータには先行き判断を評価した指標がありますが、LLMがアンケートのテキストそのものを解釈できることを示すために、一部のデータを利用します。後述で、指標と照らし合わせて解釈が正しいかどうかを確かめます。

```
response = get_gpt_response(
    system_message='あなたは優秀なマーケターです。',
    user_message=f'''
    景気ウォッチャーという各業界の景気動向についてエリアと立場ごとに先行きをヒアリングしたデータがあります。景気の先行きに対する判断理由を解釈して、景気のよい業界とその理由を回答してください。
    データ："""
    {df.loc[:, ["業種・職種", "景気の先行きに対する判断理由"]].to_csv()}
    """
    ''',
)
print(response)
```

　LLMによる解釈の結果は、次のようになります。調査対象の業界は多岐にわたりますが、5つの業界の景気がよいと出ました。

景気ウォッチャーのデータをもとに、景気のよい業界とその理由を以下にまとめます。

景気のよい業界

1. **旅行代理店**
   - **理由**： 夏の観光繁忙期を迎え、国内客や外国人観光客の増加が期待されている。また、電話やメールでの問い合わせ件数が好調に推移しているため、今後の景気はややよくなると見込まれている。

2. **一般小売店（酒類）**
   - **理由**： 今年に入ってから売上に力強さが戻っており、今後もこの流れが続くと期待されている。

まとめ
これらの業界は、観光需要の回復や季節的な要因、消費者の購買意欲の向上などにより、景気がよいと判断されています。とくに、旅行関連や飲食業界は、夏の繁忙期や秋の行楽シーズンに向けて期待が高まっています。

もともとのデータでは「旅行代理店（従業員）」「旅行代理店（経営者）」となっていましたが、「旅行代理店」とデータをまとめることができています。

景気ウォッチャーデータにおける旅行代理店の人の回答には、「・夏の観光繁忙期を迎えていることから、今後も国内客、外国人観光客の増加を期待できる。一方、国際線の運航において、サプライチェーンの人手不足などにより、航空燃料を確保できず、新規路線の就航やチャーター便の運航に支障が生じている事態が顕在化しているが、国を中心に対応策が検討されていることから、今後、状況が改善すると期待できる」「・電話やメールでの問合せ件数が、前月から好調に推移しているため、今後の景気はやや良くなる」「・旅行業はこれから繁忙期を迎える上に、販売単価が上昇しているため期待できる」とあり、生成された理由と合致します。

今回は業種やジャンルを絞らずに、全体を見てLLMに景気の先行きがよい業界はどれかを考えさせました。あなたの業務に近い業界や参入したい業界を指定することで、自身の業務に関係が深い対象に関して分析結果を得ることができます。

6.1.4　LLMによる解釈結果をグラフで可視化する

ここでは、データを可視化して、納得感のある結果かどうか確認していきます。

生成AIはハルシネーションを起こすことがあるので、何らかの方法で結果を確かめる作業は非常に重要です。このデータには指標があるので定量的に確かめることができます。もし、

テキストのみの場合や確認に相応（ふさわ）しいデータがない場合は、LLMによる解釈の結果を頼りにして分析対象のデータを読む必要があります。

　例として、旅行代理店と全データを比較します。データのダウンロード時点で◎や△などの景気の先行き判断を数値化していたのは、ここでの取り扱いをしやすくするためです。可視化には5章で利用したPlotlyというグラフ描画ライブラリを用います。景気の先行きがよいと判断されているのが本当に正しいかどうかを確かめるために、先行き判断の比率を棒グラフで可視化して比較します。

```python
import plotly.graph_objects as go
import pandas as pd

score = [1, 2, 3, 4, 5]

# 旅行代理店のデータを取得し、各カテゴリの頻度を計算
target_economy = df.loc[df["業種・職種"].str.contains("旅行代理店"), "景気の先行き判断"]
target_counts = target_economy.value_counts(normalize=True).reindex(score, fill_value=0) * 100

# 全業界のデータを取得し、各カテゴリの頻度を計算
all_economy = df.loc[:, "景気の先行き判断"]
all_counts = all_economy.value_counts(normalize=True).reindex(score, fill_value=0) * 100

compared_df = pd.DataFrame({
    "業種": ["旅行代理店"] * 5 + ["全業界"] * 5,
    "景気の先行き判断": score * 2,
    "景気の先行き判断_比率": list(target_counts) + list(all_counts)
})

fig=go.Figure()
for category in compared_df["景気の先行き判断"].unique():
    fig.add_trace(go.Bar(
        x=compared_df.loc[compared_df["景気の先行き判断"] == category, "景気の先行き判断_比率"],
        y=compared_df.loc[compared_df["景気の先行き判断"] == category, "業種"],
```

```python
            name=str(category),
            text=np.round(compared_df.loc[compared_df["景気の先行き判断"] ==
category, "景気の先行き判断_比率"], 2),
            textposition='inside',
            orientation="h"
            )
)
fig.update_layout(barmode="stack")

fig.show()
```

　全業界と旅行代理店の2軸を縦に並べて比較します（図6.3）。このグラフは横軸で先行き判断の点数が比率で表現されており、すべてを足し合わせると100%になります。上段のグラフは全業界の比率で、下段のグラフは旅行代理店に関する比率です。全業界は○と◎を表す4点と5点の比率を合わせると約20%ですが、旅行代理店では約29%です。つまり、○や◎と回答した割合が旅行代理店の方が高いので、全業界の平均的な評価よりも旅行代理店の方が先行きに期待感があることを確認できます。この可視化によって、LLMの解釈が正しいことを確かめられます。

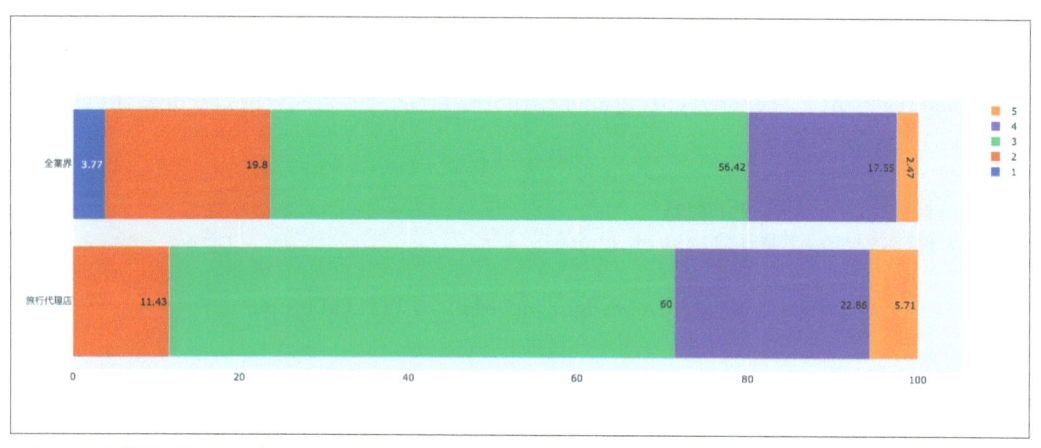

● 図6.3　全業界と旅行代理店における先行き判断の点数の比率

6.1.5 　定性データ分析をLLMで実施することの応用先

　生成AIが登場する以前においては、全部の調査内容を読んで回答者の意見を付箋などを使いながらまとめたり、テキストマイニングでキーワードを抽出することでアンケート結果を理解してきました。

　ここで紹介した方法はそのいずれでもなく、**LLMにアンケート結果を読み込ませて分析の切り口を自動的に発見します。その切り口が正しいかどうかを確認すればいいので、大幅な効率化が可能になります**。また、分析者本人の業界知識に依存しないため、客観性を高められます。

　ここで紹介した景気ウォッチャーは毎月更新されます。データであるCSVファイルはURLで指定できるので、プログラムを書きChatGPTのAPIを利用することによって、定常的な調査を自動化できます。分析結果をSlackに自動的にポストするしくみを開発してもよいかもしれません。自社にとって魅力的なトレンドが発見されたタイミングで、グラフによる可視化などで詳細な分析をするきっかけを得られます。

6.2 　定量データを分析しよう

　アンケート以外にも、自社サービスが蓄積したデータを活用して、マーケティング施策を立案していく場面もあります。そんなとき、データを分析してインサイトを出したり、自分の考えた仮説を手元で簡単に検証できると便利です。

　ここでは、イギリスを中心に展開するECサイトでの売上データ[4]を題材に、定量データの分析をLLMで実施する方法を紹介します。

6.2.1 　データをダウンロードする

　次のコードでデータをダウンロードできます。ZIPファイルをダウンロードし、pandasでデータを読み込みます。**pandasは集計に必要な機能を持っていて、データを加工するときに便利なライブラリで**

---

[4]　Chen, D. (2015). Online Retail [Dataset]. UCI Machine Learning Repository.
http://archive.ics.uci.edu/dataset/352/online+retail

す。ここではPythonを用いてファイルのダウンロードをしますが、マウス操作で実施しても構いません。表6.2のようなデータを使用します。注文番号（InvoiceNo）、商品コード（StockCode）、ユーザーの居住国（Country）などが含まれています。国ごとの注文回数、売れ筋商品の注文回数をLLMで分析します。商品の販売記録は、ECサイトの宣伝をするときに役立ちます。

```python
import requests
import zipfile
import io
url = "https://archive.ics.uci.edu/static/public/352/online+retail.zip"
res = requests.get(url)

with io.BytesIO(res.content) as content_binary:
    with zipfile.ZipFile(content_binary) as zip:
        zip.extractall()

# 1~2分ぐらいかかります
online_retail_df = pd.read_excel("Online Retail.xlsx")
online_retail_df["StockCode"] = online_retail_df["StockCode"].astype(str)
online_retail_df
```

● 表6.2 　ECサイトにおける商品の販売記録

InvoiceNo	StockCode	Description	Quantity	InvoiceDate	UnitPrice	CustomerID	Country
536365	85123A	WHITE HANGING HEART T-LIGHT HOLDER	6	2010-12-01 8:26:00	2.55	17850	United Kingdom
536365	71053	WHITE METAL LANTERN	6	2010-12-01 8:26:00	3.39	17850	United Kingdom
536365	84406B	CREAM CUPID HEARTS COAT HANGER	8	2010-12-01 8:26:00	2.75	17850	United Kingdom

InvoiceNo	StockCode	Description	Quantity	InvoiceDate	UnitPrice	CustomerID	Country
536365	84029G	KNITTED UNION FLAG HOT WATER BOTTLE	6	2010-12-01 8:26:00	3.39	17850	United Kingdom
536365	84029E	RED WOOLLY HOTTIE WHITE HEART.	6	2010-12-01 8:26:00	3.39	17850	United Kingdom

6.2.2 国ごとの注文回数を分析する

　どの国からの注文が多いかを調べるために、国ごとの注文回数を集計して多い順に並べます。InvoiceNoが注文番号なので、国ごとにユニークな（重複を除いた）InvoiceNoを数えます。集計結果は `retail_country_size` にして、列名を国、注文回数としました。

```python
# 国ごとのInvoiceNoのユニーク数を計算する
retail_country_size = online_retail_df.groupby("Country")["InvoiceNo"].
nunique().reset_index()
retail_country_size.columns = ["国", "注文回数"]
retail_country_size.sort_values("注文回数", ascending=False)
```

　LLMに分析してほしいデータの概要とデータを与えます。景気ウォッチャーの分析をしたときと同じ方法で実行できます。

```python
response = get_gpt_response(
    system_message="あなたは優秀なマーケターです。",
    user_message=f'''
    グローバル展開しているECサイトにおけるデータです。国、注文回数のカラムがあります。このデータから言えることを説明してください。
    データ: """
    {retail_country_size.to_csv(index=False)}
    """
    ''',
)
print(response)
```

プロンプトで、「データを分析してください」のように記述すると数値データを集計するような動作をすることがあります。執筆時点のLLMは、数値を読む力はありますが、算数のような計算問題が実は得意ではありません。「このデータから言えることを説明してください」とすることで、集計せずに解釈した結果が得られやすいです。

LLMによる分析結果は次のようになります。

このデータは、グローバル展開しているECサイトにおける各国の注文回数を示しています。以下のポイントから、いくつかの重要な洞察を得ることができます。

1. ＊＊主要市場の特定＊＊:
　- 注文回数がもっとも多い国は「United Kingdom」で、23494件と圧倒的に多いです。次いで「Germany」（603件）や「France」（461件）も重要な市場であることがわかります。
　- これらの国は、ECサイトの主要なターゲット市場として注力する価値があります。

2. ＊＊地域ごとのパフォーマンス＊＊:
　- ヨーロッパ諸国（とくに西ヨーロッパ）での注文回数が比較的高いことが見受けられます。たとえば、フランス、ドイツ、オーストリア、オランダなどが含まれます。
　- 一方で、南米（ブラジル）や中東（バーレーン、サウジアラビアなど）では注文回数が非常に少ないため、これらの地域でのマーケティング戦略を見直す必要があるかもしれません。

ハルシネーションの可能性があるので、それぞれの分析についての確認は必要です。ダウンロードしたデータと実際に照らし合わせてみると、この生成結果は問題なさそうです。**LLMに与えたデータは国名ですが、西ヨーロッパからの注文が多いことが分かりました。地理に詳しくない人であったら気付けなかった内容かもしれません。**このようにして、分析者の知識を補うこともできます。

6.2.3　売れ筋商品の国別注文回数を分析する

前節では国と注文回数という2列のデータを扱いましたが、より複雑なデータの場合であっても同様にLLMによる分析が可能です。売れ筋商品を3つ選んだうえで、国ごとの商品の売れ行きに違いがあるかを分析します。国名と3つの商品コードを持つ4列のデータを作成します。

まずは、売れ筋商品を特定するために、商品コードである StockCode を軸に集計して InvoiceNo のユニーク数で注文回数を計算します。その結果は**表6.3**になります。

```python
online_retail_df.groupby("StockCode")["InvoiceNo"].nunique().sort_
values(ascending=False)
```

● 表6.3　商品別の注文回数

StockCode	注文回数
85123A	2246
22423	2172
85099B	2135

　国別に商品コードごとの注文回数を計算します。データ加工のプログラムが少しだけ複雑になりますが、1行ずつ追いかけることで理解できるでしょう。このコードでは、売れ筋商品に絞り込んで、Excel や Google Sheets にあるようなピボットテーブルで集計をします。集計結果は**表6.4**になります。

> **ピボットテーブルとは**
>
> 売上などの数値データをクロス集計する機能です。pandas では縦方向の軸になるカラムを index、横方向の軸になるカラムを columns で指定します。values には集計対象の数値が入り、aggfunc で集計方法を指定します。

```python
sales_count = online_retail_df.\
    query("StockCode in ('85123A', '22423', '85099B')").\
    pivot_table(index="Country", columns="StockCode", values="InvoiceNo",
aggfunc="nunique").\
    fillna(0).\
    reset_index()

sales_count
```

Country	22423	85099B	85123A
Australia	6	5	1
Austria	2	1	0
Bahrain	1	0	0
Belgium	15	10	0
Brazil	1	0	0

　分析の指示と集計結果をLLMに与えて実行します。6.2.2項で利用したデータは2列でしたが、今回のデータは4列で複雑になっています。プロンプトをより具体的に書くことで、LLMでデータ分析が可能です。

```
response = get_gpt_response(
    system_message='あなたは優秀なマーケターです。',
    user_message=f'''
グローバル展開しているECサイトにおけるデータです。国、商品コード22423の注文回数、商品コード
85099Bの注文回数、商品コード85123Aの注文回数を示すカラムがあります。
    商品ごとの人気の違いを次の観点で分析してください。

    分析の観点： """
    #  商品コード22423について
    - 人気の国：
    - その他の国：
    - 全体的な傾向：


    #  商品コード85099Bについて
    - 人気の国：
    - その他の国：
    - 全体的な傾向：


    #  商品コード85123Aについて
    - 人気の国：
    - その他の国：
    - 全体的な傾向：


    #  マーケティング施策案
```

```
    """

    データ: """
    {sales_count.to_csv(index=False)}
    """
    ''',
)
print(response)
```

LLM による分析結果は次のようになります。

以下は、商品コード 22423、85099B、85123A の人気の違いに関する分析です。

商品コード 22423 について
- **人気の国:**
  - 最も人気のある国は「United Kingdom」で、1835 回の注文があります。
  - 次いで「Germany」が 81 回、「EIRE」が 76 回と続きます。

- **その他の国:**
  - 「France」54 回、「Belgium」15 回、「Netherlands」9 回などが見られます。
  - 注文回数が 1 回の国も多く、特に「Bahrain」「Brazil」「Canada」などが該当します。

- **全体的な傾向:**
  - 商品コード 22423 は、特にイギリスで非常に人気が高く、他の国に比べて圧倒的な注文回数を記録しています。
  - 他の国では比較的少数の注文が見られ、特に西ヨーロッパの国々での人気が目立ちます。

マーケティング施策案
1. **ターゲット広告の強化:**
  - 特に「United Kingdom」において、各商品コードの人気を活かしたターゲット広告を展開し、リピーターを増やす施策を行う。

2. **プロモーションキャンペーン:**
  - 人気のある国（特にイギリス、ドイツ、フランス）に向けて、特別割引やバンドル販売を行い、他の商品コードの販売促進を図る。

6.2.4 定量データのクラスタリングと解釈

ユーザーやエリアをグループ分けしてそれぞれの特徴に合わせたマーケティング戦略を考えることがあります。グループ分けのことを機械学習の専門用語として**クラスタリング**と呼びます。

それぞれのクラスタ（グループ）の特徴を理解することが重要ですが、単純な集計に比べるとクラスタが何を意味しているかの解釈は労力を要します。そこでLLMを用いることで、業務の効率を大幅に改善できます。

今回は、k-meansというクラスタリングの手法を用いて、2つのクラスタを作成します。クラスタ数の決め方はいくつかありますが、エルボー法（クラスタ内の誤差平方和に着目してクラスタ数を決定する方法）を採用しました。詳細を知りたい場合はChatGPTに質問をしてみてもいいかもしれません。

商品の売れ行きが似ている国を同じクラスタとして扱えるように、売れ筋の3商品における注文の割合を計算し、クラスタリングをします。出力されるクラスタごとの注文率の平均は表6.5です。

```python
from sklearn.cluster import KMeans
import matplotlib.pyplot as plt

data = sales_count.loc[:, ["22423", "85099B", "85123A"]]
data = data.apply(lambda x:x/sum(x),axis=1)
kmeans = KMeans(n_clusters=2, max_iter=1000, n_init='auto', random_
state=0).fit(data)
data.loc[:, "clusters"] = kmeans.labels_
data.loc[:, "Country"] = sales_count.loc[:, "Country"]
cluster_summary = data.groupby("clusters").\
    agg(
        cluster_size=("Country", "nunique"),
        rate_22423=("22423", "mean"),
        rate_85099B=("85099B", "mean"),
        rate_85123A=("85123A", "mean")).\
    reset_index().\
    round(2)

cluster_summary
```

clusters	cluster_size	rate_22423	rate_85099B	rate_85123A
0	18	0.81	0.13	0.06
1	13	0.39	0.38	0.23

　国が所属するクラスタとクラスタ別の商品の注文率をプロンプトに加えて、LLMにクラスタリングの説明をするように指示を作成します。複数のデータをLLMに与えるときは、見出しを加える必要があります。

```
response = get_gpt_response(
    system_message='あなたは優秀なマーケターです。',
    user_message=f'''
    グローバル展開しているECサイトにおいて、国別の商品注文回数の割合を用いてクラスタリングを実施した結果です。それぞれのクラスタがどのような特徴を持つかを説明してください。

    国が所属するクラスタ： """
    {data.loc[:, ["Country", "clusters"]].to_csv(index=False)}
    """

    クラスタ別の商品の注文率： """
    {cluster_summary.to_csv(index=False)}
    """
    ''',
)
print(response)
```

　LLMによる分析結果は、次のようになります。複数のデータを理解し解釈できます。クラスタの特徴やそのクラスタが属する国についての説明を得ることができます。

> クラスタリングの結果から、各クラスタの特徴を以下のように説明できます。
>
> ### クラスタ0の特徴
> - **国の構成**：オーストラリア、バーレーン、ブラジル、カナダ、EIRE（アイルランド）、フランス、ギリシャ、香港、アイスランド、イスラエル、レバノン、ノルウェー、南アフリカ、スペイン、スイス、アメリカ合衆国、アラブ首長国連邦、イギリス（未指定を含む）。

6.2.5　クラスタリング結果の可視化

　最後に、クラスタリング結果を視覚的に理解するために可視化します（図6.4）。クラスタリングで利用した商品は3種類ですが、今回は2次元の散布図で表現したいので商品コード22423と85099Bの2つを利用します。

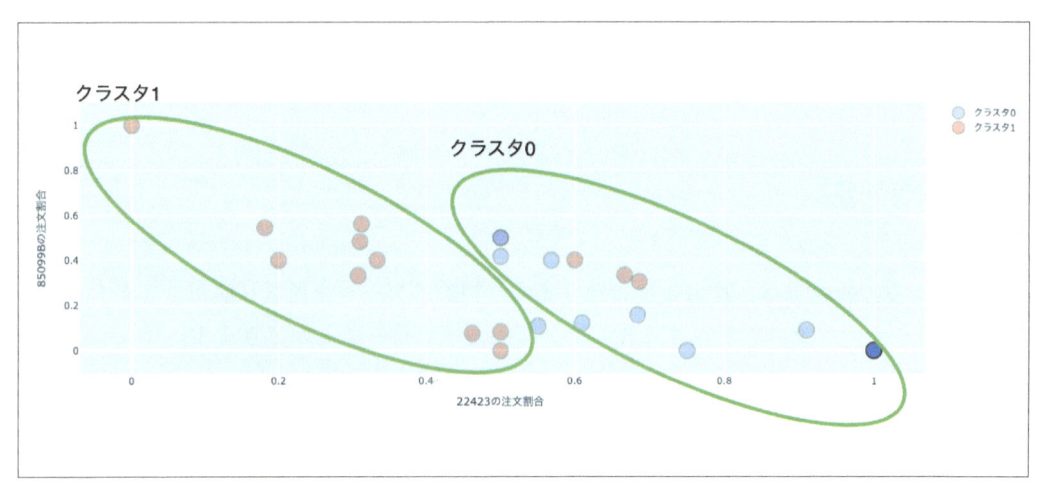

● 図6.4　商品コード22423と85099Bで、クラスタ0とクラスタ1のクラスタリングを可視化

　それぞれの点は国を表しており、複数のデータ点が重なる箇所は色が濃くなっています。青色のクラスタ0に属するデータは右側の方に集まり、赤色のクラスタ1に属するデータは左

側に集まる傾向があります。商品コードの組み合わせを変えて、別の視点で傾向を確認して
みてください。

可視化に利用したコードを次に示します。

```python
import plotly.graph_objects as go

fig = go.Figure()
fig.add_trace(
    go.Scatter(
        x=data.loc[data["clusters"] == 0, "22423"],
        y=data.loc[data["clusters"] == 0, "85099B"],
        mode="markers",
        name="クラスタ0",
        showlegend=True,
        marker=dict(
            size=20,
            opacity=0.3,
            line=dict(
                width=2
            )
        )
    )
)
fig.add_trace(
    go.Scatter(
        x=data.loc[data["clusters"] == 1, "22423"],
        y=data.loc[data["clusters"] == 1, "85099B"],
        mode="markers",
        name="クラスタ1",
        showlegend=True,
        marker=dict(
            size=20,
            opacity=0.3,
            line=dict(
                width=2
            )
        )
    )
)
```

```
)

fig.update_xaxes(title=dict(text='22423の注文割合'))
fig.update_yaxes(title=dict(text='85099Bの注文割合'))

fig.show()
```

6.2.6 定量データ分析を LLM で実施することの応用先

　データを LLM に与えることによって、データの理解や解釈ができることを紹介しました。EC サイトを例にしてデータ分析をしましたが、業務知識を加えることで、自社特有の問題にも対応できるようになります。その際、LLM による生成の精度を上げるために、列名を見るだけでデータの概要が分かるような配慮が重要です。

　本章では CSV や Excel 形式のデータを用いましたが、運用中のサービスの最新データはデータベースに入っていることが一般的です。5章で紹介した SQL を用いてデータベースからデータを取得することで、この章で紹介したような分析業務の自動化が可能になります。

　今後は、適切な課題で分析するためのプロンプトを作成するスキル、統計モデリングによって複雑な事象を解釈するスキル、分析結果に従ってビジネスを推進するスキルが重宝される時代になるかもしれません。

さらに挑戦したい人は

- **データ分析の自動化をさらに進める**：景気ウォッチャーの最新データを取得できるようにし、Slack に分析結果を定期ポストしてみましょう。
- **LLM を用いた複雑なデータの分析に挑戦する**：EC サイトのデータにおいて、商品説明(Description)からそれぞれの商品のカテゴリを作成してみましょう。
- **API コストの削減をする**：LLM に与えるデータ量に応じて API のコストが変わります。EC サイトのデータを整理し、同様の結果が得られるような小さなデータを作成してみましょう。

- LLMにCSV形式でデータを与えることで、定性データ、定量データのどちらに対してもデータ分析と解釈ができる。
- ハルシネーション対策として、データを直接確認したり、可視化したりすることが重要である。
- LLMが持つ知識を利用することで、単純にデータを見るだけでは気付けない内容（本章では国の位置関係が該当）について、インサイトを得られる。

会議音声から
議事録を自動生成しよう

会議の議事録を取るのってなかなかめんどくさいですよね。認識の食い違いがあると困るからなるべく早くすり合わせをしたいですが、他の仕事もあるから……。

最近はAIが書き起こしとかしてくれるサービスもあるし、うちも導入できないかな。そうすれば早いのにね。ただ、書き起こしサービスを導入するにしても、セキュリティーの観点などを話し合う会議も億劫だよね。

そんなの簡単ですよ！　1～2時間あればサクッと作れますね。1時間の会議なら1回100円かからないくらいで動くAIのモデルなので、サービス導入とかの会議をする方が無駄なくらいかもしれないです。どんな内容を整理したいですか？

　ここではこれまで使ってきたChatGPT APIだけでなく、**OpenAIの音声認識AIであるWhisper APIを導入します**。

　音声認識AIとテキスト処理AIを組み合わせることで、より複雑なタスクをAIに任せることができるようになります。このように、**形式の異なる複数の情報を取り扱うモデルをマルチモーダルAIと言います**。この章では、音声とテキストの2種類の情報を扱っていきます。

　Google Driveに置いた音声ファイルを読み込み、Whisper APIで文字起こしを行い、その書き起こし結果をChatGPT APIに読み込ませて整形し、その結果を取得します（図7.1）。

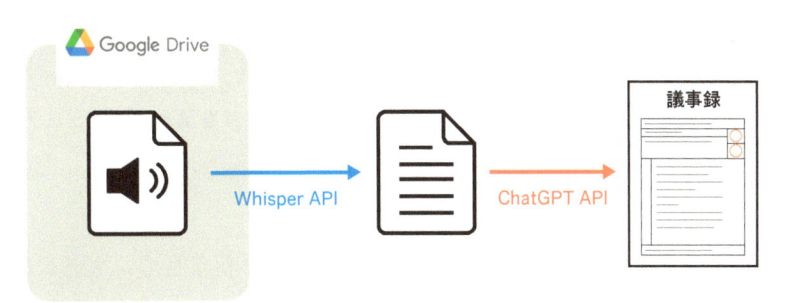

- 図7.1　この章で作成するプログラムの概要

> **この章でできること**
> - テキスト×音声のマルチモーダル
> - 文字起こしから議事録作成
> - Podcastからの情報収集

7.1　音声認識モデルWhisperとは

　Whisper[1]は、音声ファイルを文字起こしするためのAIモデルです。このような技術は**自動音声認識（Automatic Speech Recognition：ASR）**と呼ばれています。68万時間にも及ぶさまざまな言語のデータを学習材料とし、その多様性によって複数言語に対応できるモデルが構築されました。

　オープンソースモデルとOpenAI公式のAPIの提供があり、幅広い用途に利用できるものとなっています。本書ではMP3ファイルを扱いますが、WAV形式、MP4形式にも対応しています。

　本章で扱う公式のWhisper APIは、ChatGPT APIと同じ従量課金制です。ここまでの章で利用してきたAPIキーで利用が可能で、料金も2章で行ったクレジットのチャージに対して発生します。

＊1　https://platform.openai.com/docs/guides/speech-to-text

　この章では、OpenAIが提供している公式のAPIモデルを利用してシステムを構築していきます。理由は、今後このモデルを使っていく上で発展させられるオプションが多いからです。APIを用いた構築方法がわかった後に、オープンソースモデルの利用を行うこともおすすめします。

7.2 会議音声から議事録を自動作成してみよう

　ここでは、この章のメインであるWhisper APIとChatGPT APIを組み合わせたマルチモーダルAIによる議事録作成の手順を整理していきます。本書のコードをそのまま実行することで、実際に結果を得ることができます。早速やっていきましょう。

7.2.1 Whisper APIを使って文字起こし

1. 音声ファイルをGoogle Driveにアップロードする

　ここでは、Whisperに読み込ませるための音源ファイルを準備します。手元にある会議の音声を以下の手順でアップロードしていきましょう。サポートサイトのトップページにサンプルの音声データがあるので、手元に適当な音声がない場合は使用してみてください。

　このデータを、Google Driveに保存しましょう。あなたのGoogleアカウントでGoogle Driveを開き、「My drive（マイドライブ）」の中に「meeting_whisper」というフォルダを作成します。このフォルダが本章の作業ファイル置き場になります（図7.2）。その中に、上で取得した会議の音声データをアップロードします。

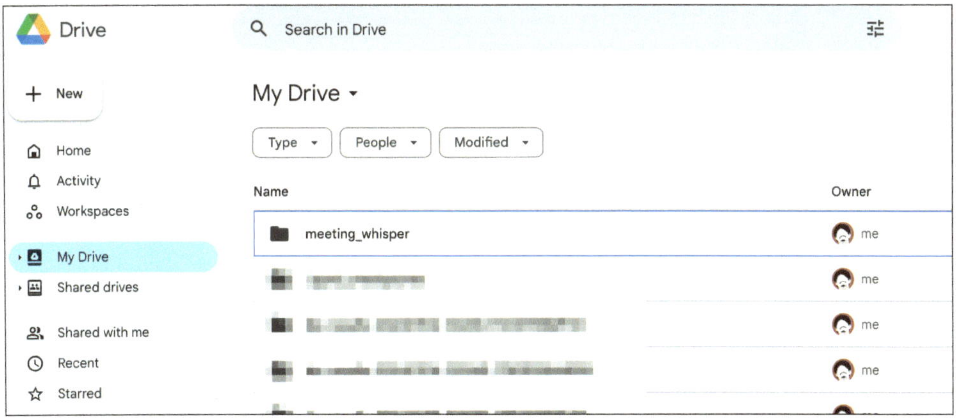
Drive
Search in Drive
New
Home
Activity
Workspaces
My Drive
Shared drives
Shared with me
Recent
Starred
My Drive
Type
People
Modified
Name
Owner
meeting_whisper
me
me
me
me

図7.2 Google Driveにフォルダを作成する様子

2. Google Colaboratoryを開き、Google Driveに接続する

これまでの作業でやってきたように、Google Colaboratoryにアクセスし、新しいノートブックを作成します。今回は、Google ColaboratoryからGoogle Driveに接続して、その中の音声ファイルを処理していきます。`!pip install openai`と、`get_gpt_response`関数を定義するコードを一度実行しておいてください。

また、この後で必要になるMoviePyというライブラリをインストールしておきます。以下のコードを実行してください。

```
!pip install moviepy
```

Google Driveを操作できるようにマウントという作業を行います。以下のコードを実行してください。

```
from google.colab import drive
drive.mount('/content/drive')
```

このコードを実行すると、Googleアカウントにログインし、Google ColaboratoryにGoogle Driveへのアクセスを許可するように求められます（図7.3）。「Googleドライブに接続」から、アクセス許可を行ってください。

　認証を完了すると、Google Drive が Google Colaboratory 環境にマウントされます。これで準備は完了です。

3. 音声ファイルの静音部分を除去する

　ここから音声ファイルの処理に入っていきます。Whisper の機能を最大限に引き出すためには、この「静音部分の除去」が重要です。

　まずは以下のコードを実行してください。remove_silence_ffmpeg という関数を作成し、その中に細かい条件を書いています。

```python
import subprocess

def remove_silence_ffmpeg(input_file, output_file, silence_threshold=-35,
min_silence_duration=0.1):
    ffmpeg_command = [
        "ffmpeg",
        "-y",   # 既存の出力ファイルを自動的に上書き
        "-i", input_file,
        "-af", f"silenceremove=stop_periods=-1:stop_duration={min_silence_
duration}:stop_threshold={silence_threshold}dB",
        "-c:a", "libmp3lame", # 出力ファイルのタイプを指定。ここではMP3形式を指定
        "-q:a", "2", # 音質設定。ここでは比較的高音質を指定
        output_file
    ]

    subprocess.run(ffmpeg_command, check=True)
```

```
# パスの設定
path_to = "/content/drive/MyDrive/meeting_whisper/"

# 入力および出力ファイルのパスを設定
input_file = f"{path_to}/marketing_meeting_sample.mp3"
output_file = f"{path_to}/marketing_meeting_sample_processed_03.mp3"
remove_silence_ffmpeg(input_file, output_file)
```

　ここでは、subprocess というモジュールを使って無音と認識されたタイミングで音源を区切り、区切った音源を再度1つのオーディオデータに結合し直しています。無音部分を処理するために、今回は、ffmpeg を利用します。これは、音声・動画の変換や編集を行うツールです。

　無音区域と認識するために、2つのパラメータを ffmpeg に与えます。

- **stop_duration**：無音とみなす最小の長さ。0.001秒単位で指定します。ここでは0.1秒とします。少しの間も許さないイメージです。**min_silence_duration** で入力した値がここに入ります。
- **stop_threshold**：無音とみなす音量の閾値で、単位はデシベル。今回は -35dB に指定しているので、対話がない状態、ホワイトノイズや環境音などを無音と認識するイメージです。細かいこだわりがなければ、この数値で固定しましょう。**silence_threshold** で入力したものがここに入ります。

　図7.4 を参照してイメージしてください。そのほかにも、いくつか設定値がありますが、基本的にはここに書いてある数値のまま進んでいただいて問題ありません。

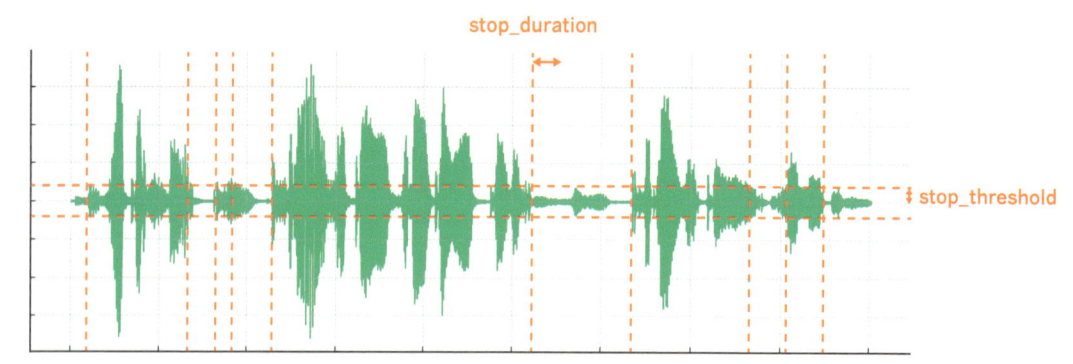

stop_duration

stop_threshold

●図7.4　音声波形と無音パラメーターのイメージ図

　処理前後で音源の長さと容量が大きく削減されていることがわかるので、聞き比べてみてください。Google Drive に保存された無音カットの音源を聞くと、不自然なほどに音が詰まっている感じがすると思います。

subprocessとは

外部プログラムやシェルコマンドを新しいプロセスとして実行するためのPythonモジュールです。`subprocess.run()`はシンプルにコマンドを実行し、完了を待って結果を返します。`subprocess.Popen()`は非同期実行や入出力の詳細制御が可能です。さらに、標準入力・出力・エラーの管理やプロセス制御（タイムアウト設定、終了など）も行えます。

　無音区域を除外する理由は、大きく2つあります。

　1つ目は、Whisperの音声処理の精度を上げるためです。Whisperで文字起こしをする場合、ある発話の後に無音区域があると、そこまでを1つの発話として認識してしまうことがあります。AIにとって読み解きやすい音源に寄せることで、簡単に読み取り精度を上げられます。

　2つ目は容量の圧縮です。1時間の会議では少しの静音区間が積み重なって10分程度にもなることがあります。**Whisperでの処理は、音源の長さによって処理するデータ量が決まります**。それに合わせてWhisperの利用料金も変化します。**1回の利用では微々たるものかもしれませんが、会社全体で利用する場合や、1か月のうち毎日2～3時間分使うことになった場合**[2]**には、無視できないコストになるので、利用料金を節約することが目的です。**

＊2　Whisperの利用料は1分あたり$0.006なので、30日で1日3時間使うと、0.006 × (3 × 60) × 30 ＝ $32.4（$1=150円とすると4860円）です。

4. Whisper API を使った文字起こし機能の呼び出し

　ここから Whisper API を利用していきます。その処理を実施するコードを含めた関数を以下のように定義します。

```python
from google.colab import userdata

def process_audio_file(audio):

    client = openai.OpenAI(api_key = userdata.get('CHATGPT_API_KEY'))

    audio_file = open(audio, "rb")

    whisper_result = client.audio.transcriptions.create(
        model = "whisper-1",
        file =audio_file,
        prompt = ""
    )

    audio_file.close()

    return whisper_result.text
```

　Whisperの書き起こしを利用するには、`client.audio.transcriptions.create`と宣言し、`model＝"whisper-1"`を指定しましょう。

　ここで書き起こしの精度を上げるために、`prompt`に固有名詞などの単語を羅列しておくことをおすすめします。 たとえば議事録の参加者名や、社内でよく使われる単語などをカンマ区切りで与えます。そのとき、読み仮名まで入れておくと、Whisperがその単語を認識しやすくなります。他にも話者を想定させるなど、さまざまなプロンプトテクニックがあるので、気になったらOpenAI Cookbookの「Whisper prompting guide」[3]を参照してください。

　ここで注意したいのは、ChatGPT に聞きながら Whisper APIの実装を行おうとするときです。`client.audio.transcriptions.create`ではなく`client.Audio.transcribe`を利用するように指示されることがあります。ただしこれは、古いバージョンのものであり、うまく動作してくれません。ライブラリのバージョンの変更などさまざまな指示がGoogle

---

＊3　https://cookbook.openai.com/examples/whisper_prompting_guide

Colaboratoryのエラーメッセージで提示されてしまうので、OpenAIのWhisper実装ページや、なるべく更新日が新しい日本語のページなどを参照することを強くおすすめします。

5. Whisperを使って書き起こす

実際に書き起こしを行っていきましょう。以下のコードを実行して、書き起こしを行います。

```python
import os
import openai
from tempfile import TemporaryDirectory
from moviepy.editor import AudioFileClip

def split_audio_file(file_path, segment_length, output_dir):
    audio = AudioFileClip(file_path)
    duration = int(audio.duration)
    split_files = []

    for start in range(0, duration, segment_length):
        end = min(start + segment_length, duration)
        segment = audio.subclip(start, end)
        segment_file = os.path.join(output_dir, f"segment_{start}_{end}.mp3")
        segment.write_audiofile(segment_file, codec='mp3')
        split_files.append(segment_file)

    return split_files


def handle_large_file(file_path, max_size=25*1024*1024):
    file_size = os.path.getsize(file_path)   # エクスポートされたMP3ファイルのサイズを取得

    if file_size <= max_size:
        # ファイルが25MB以下の場合、通常の処理を実行
        results = process_audio_file(file_path)
    else:
        # TemporaryDirectoryを利用して一時ディレクトリを作成
        with TemporaryDirectory() as temp_dir:
```

```
            # オーディオファイルを10分刻みに分割
            split_files = split_audio_file(file_path, 10 * 60, temp_dir)  # 10
分ごとに分割
            transcripts = [process_audio_file(file) for file in split_files]  #
各分割ファイルを処理
            results = ''.join(transcripts)  # 処理結果を統合
    return results
```

```
results=handle_large_file(output_file)
```

Whisperは1ファイルあたり25MBを超える音源を一気に書き起こすことができません。そのエラーを避けるために、オーディオファイルを安全な長さに細かく分けて書き起こしを行う処理を加えています。

　実行結果をprint(results)で確認できます。内容量が多いためここでは冒頭部分のみを載せます。

じゃあまず現状分析から始めましょう　ターゲット層の拡大が一つ重点課題になってますが　特に女性会員の増加を目指しているというところを考えてますけど　この部分で大橋さん何かアイディアありますか？　はい　女性専用エリアの設置が挙げられていましたが　それだけでは不十分だと思います...

　ここで実施された結果を確認すると、会議内容を一気に書き起こすことができているのを確認できます。

7.2.2　書き起こしデータをChatGPTを使って議事録へ

　Whisperでの書き起こしは、単純に音声を文字に変換するものです。そのため、文脈や内容を汲んだ文章ではなく、単なる文字の羅列です。そこから文脈を汲み取るために、ここまでで学習したChatGPT APIを導入し、議事録の形に落とし込みます。

1. 議事録フォーマットを決める

　単にChatGPTに「以下の文章を要約して、議事録を作成してください」と依頼するだけでも、ある程度整った議事録らしい文章にしてくれます。しかし、自分たちが欲しい形に整理してもらうことこそ、業務の代替と言えます。

社内の規定フォーマットなど、慣れ親しんだ形に落とし込んでいきましょう。ここでは、以下のようにします。

- 会議の概要
- 主な議題とディスカッションポイント
- 決定事項とアクションアイテム
- 次回の会議の予定

　この他にも、参加メンバーやより詳細なディスカッションポイントの記述など、さまざまな情報の粒度で書き起こしを議事録の形にまとめることができるので、理想的な形を探りましょう。

2. フォーマットをもとに要約する

　型が決まったので、ChatGPT APIを使用して議事録を作成します。以下のコードを実行して、文字起こしされたテキストを議事録形式に整形します。

```
system_message = """
あなたは優秀なアシスタントです。

会議の書き起こし原稿を渡すので、それらを要約し重要なポイントを含む議事録を作成してください。
議事録は、以下のポイントに分けて記載してください。各項目、なるべく詳細に記載してください。
各行の文章の文法を間違えていないかを確認し、一般的に知られていないワードがある場合は除外してください。

議事録:
 - 会議の概要:
 - 主な議題とディスカッションポイント:
 - 決定事項とアクションアイテム:
 - 次回の会議の予定:
"""

user_message = f"""
{results}
"""

response = get_gpt_response(
```

```
        system_message=system_message,
        user_message=user_message,
)
```

　前段階で得られた書き起こし結果（プログラム上では results）を読み込んで、それを prompt に沿って処理させます。prompt には議事録フォーマットを与えています。
　生成された議事録のテキストは、print(response) で取得可能なので、結果をチェックしてみましょう。以下のようになっていれば問題ありません。

議事録：

- 会議の概要：
　本会議では、ターゲット層の拡大に向けた施策について議論が行われ、特に女性会員の増加を目指すための具体的なアイデアや戦略が提案された。
　また、新規店舗の展開や既存店舗のリニューアル、マスマーケティングの手法についても話し合われた。

- 主な議題とディスカッションポイント：
  1．**女性会員の増加施策**：
     - 女性専用エリアの設置や、ヨガやピラティスなどのイベントプログラムの増加が提案された。
     - SNS（特に Instagram や TikTok）を活用した情報発信の重要性が強調された。
     - 利用者の声を動画で投稿するアイデアがあり、特典を提供することで協力を促す方法が検討された。

  2．**価格競争力の強化**：

- 決定事項とアクションアイテム：
  - SNS を活用した情報発信の具体的な提案を考える。
  - 外部のマーケティングエージェントを活用し、ノウハウを吸収しながら内部リソースの育成を進める。
  - 新規店舗展開に向けた市場調査を AI を用いて行う。
  - マスマーケティングの手法を次回以降の会議で具体化する。

- 次回の会議の予定：
　次回の会議では、マスマーケティングの具体的な手法を採用し、どの施策に力を入れるかを議論する予定。日程は未定。

　意図通りの書き起こしができているのではないでしょうか。ぜひみなさんの手元の音声ファイルでもチャレンジしてみてください。

ここで行った音声書き起こしをした後の作業は、基本的には要約作業なので、3.1節で学んだ技術が役に立ちます。一度立ち戻ってみると、要約のノウハウが詰まっていますし、理解も深まると思います。

7.3　議事録作りの精度を上げるTips

　ここまでで比較的簡単に議事録が作れたと思います。APIを組み合わせることで、比較的簡単にマルチモーダルAIを構築することができ、複雑なタスクをまるで人にお願いしているかのように行なってくれました。

　社内でのクローズドな利用であればこれで問題なさそうですが、まだまだ精度を向上させる余地は残っています。その中でもとくに注目すべき要素を2つ紹介します。複雑になってくるので、ここではその要素を書き出しておくに留めておきますが、ぜひチャレンジしてみてください。

7.3.1　会議の進行の仕方をAI向けに整理する

　会議の進行を、前もって議事録にしやすいように調整する方法があります。AIの読み込み精度を上げるために無音部分を削除するのと同様に、AIへの歩み寄りが今のAIのレベルでは重要です。

　ポイントは、**議事録に残したいトピックを事前に整理し、会議中に明示的に発話すること****です**。これを意識すると、書き起こしの精度が上がるだけでなく、会議内で正確に相手に伝えようとする意識も芽生えるので、一石二鳥です。

　加えて、議事録のフォーマットに合わせながら進行します。各トピックの最後に「ここはXXXXということですね。アクションアイテムはYYYYとZZZZです」と話すことで、AIが認識しやすくなります。副産物的に、会議参加者の理解を助けてくれることもあります。

　実際にこの方法を取り入れたところ、議事録が綺麗にまとまり、会議もスムーズに進むようになりましたので、おすすめです。

7.3.2　会議システムに実装されている文字起こしも参照する

　オンライン会議システムZoomには、文字起こし機能が実装されています。他の会議システムにも、同様の機能が搭載されているものもあると思います。そこから出力された結果も踏まえて学習させることで、精度を上げることができる可能性があります。

　文字起こしをするモデルは複数あります。それぞれが強みを持っていることが考えられる

ので、議事録作成に使う材料が増えることで、相補的な関係性となり、精度を向上させると一部では言われています。ただし、読み込む文字数が2倍になるため、ChatGPTが読み込むtoken数も倍になります。コストとのバランスを見ながら導入することを検討するとよいでしょう。

7.4 Podcastから最新情報を収集する

今やPodcastやYouTubeなどの音声・動画コンテンツはビジネスパーソンにとっての重要な情報収集源です。この節では議事録作成の応用の一つとして、音声配信コンテンツであるPodcastで配信された番組を読み込み、簡単に要約する方法を紹介します。

7.4.1 Podcastの記事化はワンクリックで自動作成

Podcast は RSS（Really Simple Syndication）フィードによる配信形態のため、データ取得が容易です。RSS フィードには、エピソードのタイトル、説明、公開日時、オーディオファイルの URL などのメタデータが含まれています。つまり、RSS フィードさえわかれば、エピソード情報を簡単に取得できるため、処理が比較的容易です。

> **RSS（Really Simple Syndication）とは**
>
> Webサイトの更新情報を効率よく配信するフォーマットです。ユーザーはRSSフィードを通して、複数サイトの最新記事やニュースを一箇所で確認できます。RSSはXML形式で構成され、対応するRSSリーダーで簡単に最新コンテンツを受信・表示できるのが特徴です。これにより、個々のサイトを訪れずに効率的に情報収集が可能です。主な利点は、効率的な情報収集、リアルタイムの更新通知、カスタマイズ性で、興味のある情報を手軽に追跡できるので、多くのニュースサイトやブログが利用しています。

ChatGPTのプロンプトをどのように記事のフォーマットに合わせていくかが独自性を出すポイントです。ここでは簡単にプログラムとその説明を紹介します。

まずはPodcastのデータを取得するために必要なモジュールをインストールします。

```
!pip install feedparser
```

これはPodcastの音源をダウンロードするのに必要です。このモジュールを使って、以下の関数download_podcast_audioを作成して、ダウンロードを行います。

```python
import requests
import feedparser
from datetime import datetime

# 定数の設定
path_to = "/content/drive/MyDrive/meeting_whisper/"
rss_feed = 'https://anchor.fm/s/33afc1b0/podcast/rss' # データを取得したい
Podcastチャンネルの RSS フィード（ここでは「佐々木亮の宇宙ばなし」のものを記載）

def download_podcast_audio(rss_feed, download_path, target_date_str):

    target_date = datetime.strptime(target_date_str, '%Y-%m-%d').date()

    # RSSフィードを解析
    feed = feedparser.parse(rss_feed)

    # 各エピソードをチェック
    for episode in feed.entries:
        # 公開日を取得
        episode_date = datetime(*episode.published_parsed[:3]).date()

        # 公開日が一致するか確認
        if episode_date == target_date:
            title = episode.title
            audio_url = episode.enclosures[0].url

            # 音声ファイルをダウンロード
            audio_response = requests.get(audio_url)

            # ファイル名を作成
            filename = f"podcast_{target_date_str}.mp3"
            audio_file_path = os.path.join(download_path, filename)

            # 音声ファイルを保存
            with open(audio_file_path, 'wb') as f:
```

```
                f.write(audio_response.content)

        return audio_file_path, title

    # 該当エピソードが見つからなかった場合
    return None,

audio_file_path, title = download_podcast_audio(rss_feed, path_to, target_
date_str = "2024-11-18")
```

`target_date_str`に、取得したいエピソードの公開日時を指定することで音源が取得できました。ここでは2024年11月18日のエピソードをダウンロードしてきています。任意の日付を指定することで、どのエピソードでも取得することができます。

`print(title)`で確認できますが、この日のエピソードのタイトルは「祝1,500回！太陽が極大期で宇宙ばなしも注目！必ず取る日本1位【やっぱり宇宙はすごい】」です。まずはエピソードタイトルで狙ったものを取得できているかを確認するといいですね。

音源が得られたので、書き起こしをして読みやすい形に整形していきます。得られた音源は、`audio_file_path`に格納されています。これを、会議の議事録で行ったように、`handle_large_file`に入れて書き起こしを行い、その結果（`transcript`）をここまでの章で使ってきた`get_gpt_response`関数に読み込ませて、整形します。ここでは、内容を整理するために、プロンプトを議事録とは少し変えています。

```
transcript = handle_large_file(audio_file_path)
```

```
system_message = """
今から天文学、宇宙ビジネス領域をカバーする科学系Podcastチャンネルの書き起こしを提供します。
チャンネルは、天文学を専門とする理学博士が1人で喋る「佐々木亮の宇宙ばなし（ささきりょうのうちゅうば
なし）」という番組です。
読者は中学生レベルの科学的知識を持っている20歳以上を想定します。
文字数は2,500文字程度で書いてください。
この時、読者に対しては、このPodcastチャンネルのパーソナリティーになりきった口調で文章を作成してく
ださい。
一人称は"私（わたし）"にしてください。
わかりやすいように「要約」「背景」「結果」「まとめ」の順番で記述してください。
```

```
ただし、明示的に章立てはせず、段落で文章を分けてください。
"""

user_message = f"""
書き起こし内容のタイトルは以下です。
タイトル = {title}

書き起こしは以下です。
書き起こし = {transcript}
"""

response = get_gpt_response(
    system_message=system_message,
    user_message=user_message,
    temperature=0.2,
)

print(response)
```

　専門用語が出てくる番組の場合、そこで誤表記が発生する可能性があります。そのため最終的な見直しは必要です。しかし、どのような番組でも、RSSフィードさえわかれば、決してその番組の配信者でなくても、誰でも音源を取得することが可能で、その音源を使って書き起こし記事を作成することができます。以下が得られた結果です。

> 今回は、私のポッドキャスト「佐々木亮の宇宙ばなし」が1500回を迎えたことを祝う特別なエピソードです。この1500回という節目を迎えたことを振り返りながら、最近の宇宙に関する話題や、これからの目標についてお話ししたいと思います。

　筆者自身、この機能を使って定期的にnote[*4]や自分のホームページ[*5]に記事を掲載しています。**複数の番組のRSSフィードを手元に置いておくことで、それらの内容を文字で簡単に認識することができるようになります。**

*4　https://note.com/ryo_sasaki/
*5　https://ryosasaki.net/

その情報をもとに、じっくり知りたい情報を扱っているエピソードを選んで視聴すれば、効率的に情報収集ができるようになります。

 Podcastを扱う上での注意点

Podcastの著作権はそのチャンネル運営者に帰属します。そのため、個人の趣味のための情報収集としての利用は可能ですが、これを転載したり商用利用したい場合には、許諾が必要です。細かい例外があるので、その都度ルールを確認することを推奨します。手軽に取得できますが、コンテンツの扱い方には注意が必要です。

7.4.2 マルチメディア展開も可能に！？

Podcastにおける情報収集を軸に技術をまとめましたが、これらの方法を用いて、YouTubeなど他のメディアで自社が展開している内容を文字媒体に落とすことも可能です。マーケティングだけでなく、会社のブランディング強化にもこのシステムを利用することで貢献することができます。**AIによって浮いた工数を最大限有効活用し、新たな活躍の場を作るのが、生成AI時代のキャリア形成と言えるかもしれません。**

そのとき、記事のタイトルも重要な要素になってきますが、タイトルは第4章で紹介した広告テキスト作成を参考に、AIを使って作成するのもおすすめです。記事全体を読み込ませることで、タイトルを提案してもらえれば、工数をさらに節約することができます。

マルチモーダルAIを使いこなして、他の生成AIユーザーに差をつけましょう。

さらに挑戦したい人は

- **話者分類の実装**：議事録作成時に、誰が何を喋ったかを把握できるように「話者分類」を実装してみましょう。よく使われるモジュールはpyannote[*6]です。
- **動画への応用**：YouTubeなど動画の書き起こしもできるように、動画の処理コマンドを考えてみましょう。
- **定期収集の自動化**：Podcastからの情報収集を定期的に行うことで、常に最新の情報を取得できるようにスケジュール実行をしてみましょう。

[*6] https://github.com/pyannote/pyannote-audio

- テキスト処理のChatGPTと、音声処理のWhisperを組み合わせて、会議の議事録作成タスクをAIに任せることができます。
- 複数のAIを組み合わせたマルチモーダルAIの活用が、生成AI利用を一段レベルアップさせます。
- AIを利用することでマーケターに必要な情報の収集をAIを利用して一気に効率化できます。
- 自社YouTubeやPodcastを書き起こして記事化し、ブランディング戦略に活かすことも可能かもしれません。

AIをStreamlitで
Webアプリにしよう

キーワード

Docker・サービス化・社内展開

時短・コスト削減目安

外注する場合は1〜2人月相当

> LLMを活用して、業務の効率化ができました！
> Google Colaboratoryのコードを実行すれば、社内に展開できます。

> 確かにそうなんだけど、Pythonのコードに抵抗がある人が多い
> から、実際に使ってもらうのはハードルが高いかもしれないな。

> PythonでWebアプリ化すれば、気軽に使ってもらえるようになりますよ。
> PythonならStreamlitというフレームワークで素早く開発できます。

> Streamlitですか！　調べてみます。

この章でできること

- **Pythonを使ったWebアプリ開発**
- **無料のプラットフォーム上のサービス公開**

8.1　Streamlitの基本

8.1.1　Streamlitとは

Streamlitは、Pythonの知識だけでデータ活用のWebアプリを簡単に作れるフレームワー

クです。通常の開発ではWebエンジニアの協力と個々の専門知識が求められますが、Streamlit ならそれらを簡略化し、本格的なWebサービスを作るのに比べて時間を大幅に短縮できます。さらに、AI活用でもよく使われるPythonを使うため、新たに言語を学ぶ必要もありません。Streamlitが公式で運営しているCommunity Cloudを使えば、少ない知識でアプリを公開することもできます。

　Streamlitにはデータ系のアプリケーションの開発に役立つ機能が満載です。具体的には、次のような機能があります（図8.1）。

- グラフ表示
- テーブルデータの表示
- 数式の表示
- ボタン、チェックボックス、入力欄などのフォームに関する機能
- サイドメニューの実装
- 認証機能
- チャットUIの実装

- 図8.1　Stleamlitの便利な機能でアプリ開発

　機能を組み合わせることで、データ活用に役立つ便利なアプリを作成できます。
　Streamlitを使うことによって、以下のようなケースに対応することができるようになります。

- チャット風のUIを作成して、対話形式の分析機能を開発する
- 外部APIと接続した分析結果を社内に共有する
- 箱ひげ図、ネットワークグラフ、リアルタイムに更新する折れ線グラフ、3Dグラフのような表現力が高いグラフを作成する
- 機械学習と組み合わせて、売上予測を可視化する
- 入力フォームを利用して、シミュレーションを実装する
- 商用のBIツールはユーザー数課金であるが、Streamlitで実装すれば全社員に公開できる
- 自社販売のシステムに本格的に導入する前に、PoCとして機能を実装して使用感を確認できる

　本書で紹介したLLM活用をWebアプリにすることも可能です。このようなWebアプリを開発することで、高度な機能を誰にでもわかりやすく提供できます。さらに、ソフトウェアエンジニアの力を借りることなく実装できるのもStreamlitの魅力です。もちろんソフトウェアエンジニアにとっても簡単なWebアプリを素早く実装できて便利です。

8.1.2 App Galleryでイメージを膨らませよう

　Streamlitの公式には、**App Gallery**[*1]（図8.2）があります。このページでは、Streamlitで作ることができるさまざまなアプリケーションの例が紹介されています。App Galleryを探索すれば、目的に近いサービスを探すことができるでしょう。

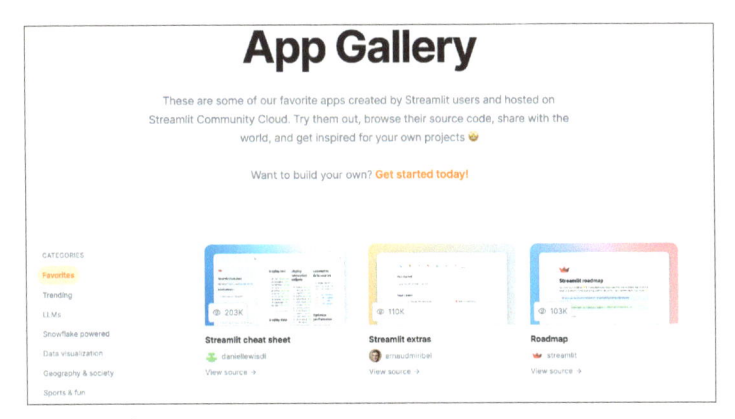

- 図8.2　App Galleryのページ

＊1　https://streamlit.io/gallery

作りたいものが決まっている場合や、アイデアを出している段階のどちらであっても、一通りのアプリケーション例を見ることがおすすめです。ここに掲載されているようなサービスはソースコードも公開されているので、参考にすることで非常にスムーズに自身で開発を始められます。最近ではLLMを用いた開発の例が追加されました。完成形のUI/UXも確認できるので、どのような使い心地になるかを事前に想定することができます。

　Streamlitのアプリケーションを開発するかどうか相談するときには、これらのサービスを見せながら議論することで完成形のイメージを共有することができ、意思疎通の齟齬が起きにくくなります。

　App Galleryで公開されているサービスを参考にサービスを開発するときに注意点があります。**「View source」をクリックするとGitHub（コードを管理するサービス）のページに飛ぶことができます。そこで画面の右側に表示されるライセンスを必ず確認してください**（図8.3）。

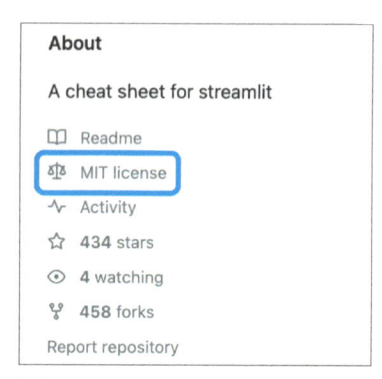

●図8.3　**GitHubにおけるライセンス表示**

　このライセンス表示によっては、ソースコードを転用してサービスとして公開する際、権利上の問題が起きることがあります。

　筆者の経験上では、MIT licenseやApache-2.0 license、BSD licensesのいずれかのコードを利用するとよいでしょう。これらのライセンス表示であれば、ソースコードを転用する際、ソースコード内にライセンス表示をすれば商用で利用しても問題が起きることが少ないです。

　それ以外のライセンス、とくにGNU General Public License（GPLライセンス）の場合は、有償で販売したい場合に障壁になることがあります。

8.2.1 ローカルでの開発環境を作成する

本章では、ChatGPTのサブスクに加入せずに従量課金でGPT-4o miniなどのモデルを利用できるチャットボットアプリを作ります。必要なソフトウェアは次の通りです。

なお、本章で開発するチャットアプリの完成形のコードは、サポートサイトに掲載しています。読みながらコードを書き写すことをおすすめしますが、コードが動かなくて先に進めなかった場合にご利用いただくと便利です。ぜひご活用ください。

Visual Studio Code

<mark>Microsoft社によって開発されているエディターで、一般的にはVS Codeと呼ばれているので、以降ではそのように表記します。</mark>エディターとは、プログラムを書くときに使うソフトウェアのことを言います。エディターには多くの種類がありますが、VS Codeは現在の主流になっているソフトウェアの一つです。

Docker

ソフトウェアを実行するためには、それを支えるために多くのソフトウェアが必要です。これらのソフトウェアは実行する環境（MacやWindowsなど）によってインストール方法が異なり、同じ条件でソフトウェアを動かすための工夫が必要になります。Dockerを使うことで、このような問題を解決することができるので、最近のソフトウェア開発で頻繁に利用されます。Dockerによって作成されたソフトウェア環境のことをDockerイメージと呼び、Dockerイメージを動かしている環境のことをコンテナと呼びます[2]。

VS Codeのインストール

VS Codeの公式サイト[3]にアクセスします（図8.4）。

---

[2] Dockerの技術そのものについて知りたい方は、『開発系エンジニアのためのDocker絵とき入門』（秀和システム）がおすすめです。
[3] https://code.visualstudio.com

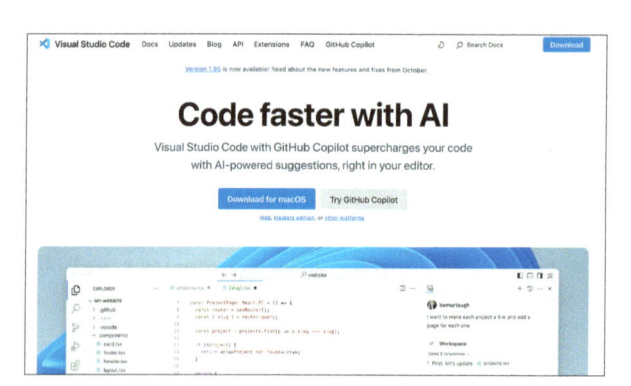

● 図8.4　**VS Code のダウンロードページ**

　サイトにアクセスしたOSによっては、青色のボタン内の文字が異なるかもしれませんが、インストールの手順に大きな違いはありません。Downloadボタンを押し、VS Codeのインストールをしてください。

Dockerのインストール

　Dockerのダウンロードページ[4]にアクセスします（図8.5）。

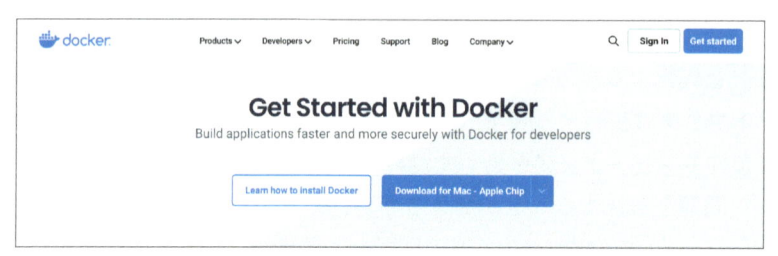

● 図8.5　**Docker のダウンロードページ**

　VS Codeのインストールと同様にしてDownloadボタンからDockerのインストールを進めてください。インストールが完了したら、Docker Desktopを起動してください。ライセンスの認証画面が表示されるので、「Accept」をクリックしてください。従業員が250人以上か年商1,000万ドル以上の企業で商用利用する場合は有償ライセンスが必要になります。購入が難しい場合は、Rancher Desktop[5]で代替できます。操作感や機能に違いはありますが、本書で紹介するStreamlitのアプリケーションの開発はどちらであっても対応できます。

---

[4]　https://www.docker.com/get-started
[5]　https://rancherdesktop.io

Dockerを用いたVS Codeでの開発

　VS Codeには開発環境を簡単に構築するための「Dev Containers」という機能があります。これは、VS Codeを使ってDocker内でソフトウェア開発をするために使います。2つのソフトウェアのインストールが完了したら、VS Codeを起動します（図8.6）。

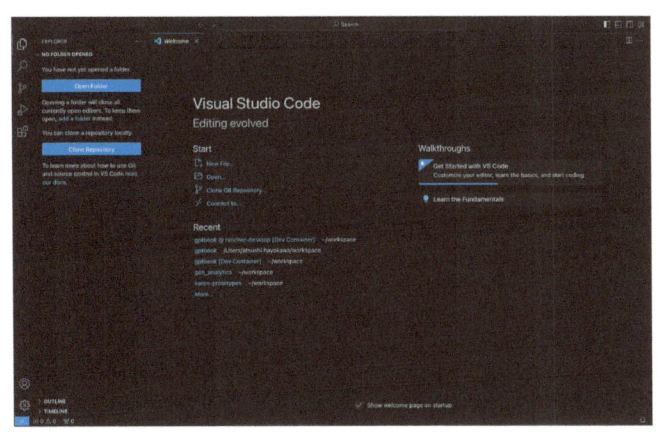

● 図8.6　VS Codeを起動した直後の画面

　左のメニューからExtensionsを探し開きます（図8.7）。

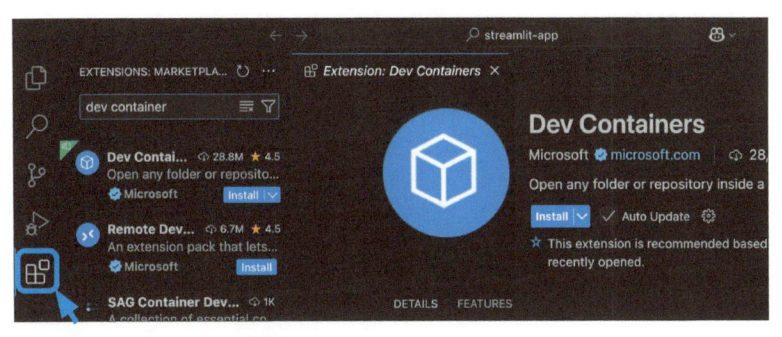

● 図8.7　Dev Containersのインストール画面

　検索ボックスに「dev containers」と入力し、該当するエクステンションをインストールします。先述のとおり、このエクステンションを利用することで、Docker内でソフトウェア開発が可能になります。そのため、開発者が利用しているOSがMacでもWindowsでも同じ手順でStreamlitのアプリケーションの開発を始めることができるようになります。

　まずはStreamlitのアプリケーションを開発するフォルダを作成します。上部メニューバー

の「File」から辿り「Open Folder」をクリックして、Streamlitのアプリケーションを開発するフォルダに移動してください。次にフォルダ内にファイルとフォルダを作成していきます。開発するフォルダの中身が以下のようなフォルダおよびファイル構成になることを最初に目指します。

```
├── .devcontainer
│   ├── devcontainer.json
│   ├── docker-compose.yaml
│   └── Dockerfile
├── app.py
└── requirements.txt
```

ファイルやフォルダの作成方法を説明します。まず、画面左側のスペースで右クリックをします。フォルダの中に作成したい場合はそのフォルダ名が表示される下側のスペースで右クリックをします。すると「New File」や「New Folder」と表示されるので、それをクリックします（図8.8）。ファイル名またはフォルダ名の入力欄が表示されるので、適切な名前をつけてください。

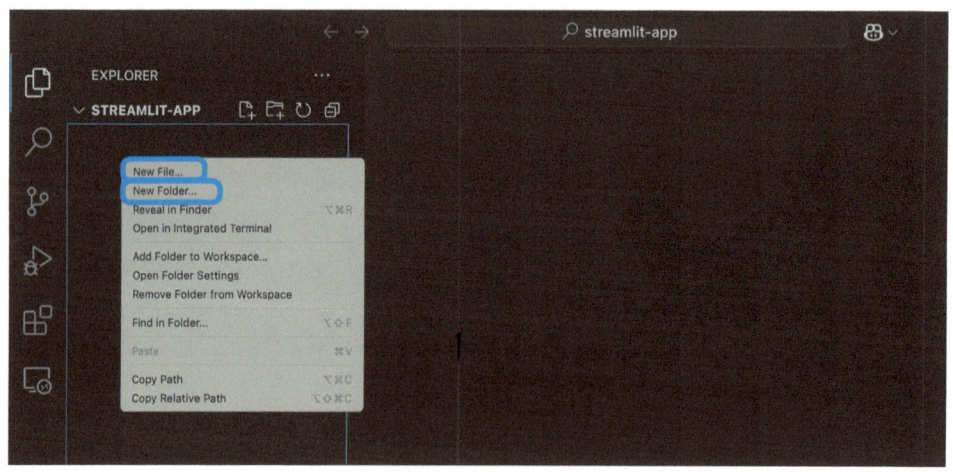

● 図8.8 **VS Code上でのファイルやフォルダの作成**

作成するそれぞれのファイルについて紹介します。

- **.devcontainer**：フォルダです。Dev Containersを利用するための設定をこのフォルダの中のファイルに書きます。
- **devcontainer.json**：VS CodeがDev Containersを利用するための設定ファイルです。Dev Container上で開発するときに、VS Codeをどのような設定にするかを記述することができます。
- **docker-compose.yaml**：Dockerによるコンテナをどのような環境で起動するかを記述します。また、**docker-compose.yaml**によって、複数のコンテナを同時に使うことにも対応できます。
- **Dockerfile**：Dockerで作成するコンテナがどのように作成されるかを記述します。
- **app.py**：Streamlitで開発するアプリケーション本体です。このファイルがベースになります。
- **requirements.txt**：Pythonで利用するライブラリを指定します。ライブラリのバージョンも同時に指定することができます。このファイルは、**Dockerfile**から呼び出されてDockerイメージの作成に利用されます。

それぞれのファイルは、次の通り作成してください。

devcontainer.json

```json
{
  "name": "Streamlit Development",
  "service": "workspace",
  "dockerComposeFile": "docker-compose.yaml",
  "workspaceFolder": "/workspace",
  "customizations": {
    "vscode": {
      "settings": {
        "terminal.integrated.shell.linux": "/bin/bash",
        "python.pythonPath": "/usr/local/bin/python",
        "editor.defaultFormatter": "ms-python.black-formatter",
        "editor.formatOnSave": true
      },
      "extensions": [
        "ms-python.python",
        "ms-azuretools.vscode-docker",
        "ms-python.black-formatter"
```

```
        ]
      }
    }
  }
```

docker-compose.yaml

```yaml
services:
  workspace:
    container_name: streamlit-development
    build:
      context: ..
      dockerfile: .devcontainer/Dockerfile
    tty: true
    environment:
      PYTHONPATH: /workspace
    volumes:
      - ..:/workspace
```

Dockerfile

```dockerfile
FROM python:3.13

ADD requirements.txt .
RUN pip install -r requirements.txt
```

app.py

```python
import streamlit as st

st.write(
    """
    Hello World!
    """
)
```

requirements.txt

```
streamlit
openai
```

　これらのファイルを作成したら、Dev Containersの機能を利用して、VS Code上で開発環境を構築します。次に進む前に、Docker Desktopを起動しておきましょう。

Dev Containersの使い方

　VS Codeの左下にある青いアイコン（図8.9①）をクリックすると、上部にメニューが表示されます。

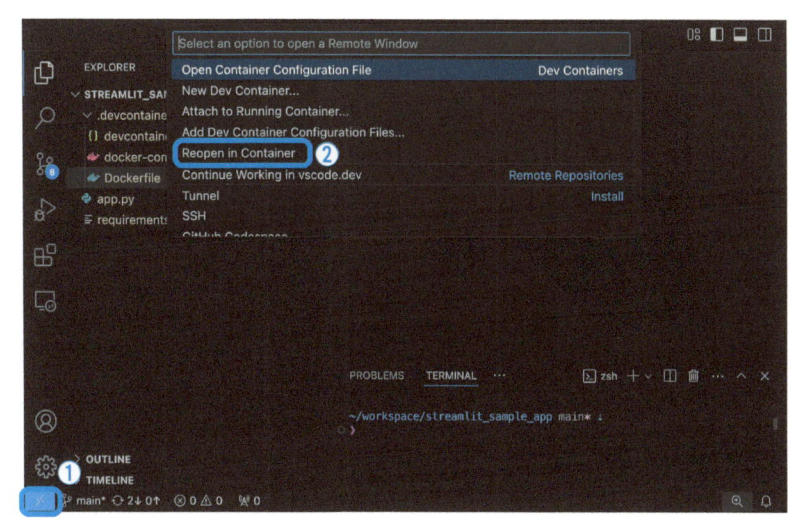

　このメニューの中から、「Reopen in Container（図8.9②）」をクリックします。メニューにない場合は、「Reopen in Container」と入力すると表示されます。
　クリックした直後から、Dockerイメージの作成が始まり、完了すると図8.10のような画面に切り替わり、Dev Containersが使えていることを確認できます。左下のアイコンが変わり「Dev Container: Streamlit Development」と書かれています。また、上部の虫眼鏡マークの右側の表示も切り替わります。作成に時間がかかる場合があります。1時間以上かかる場合は、VS Codeを再起動して、もう一度試してください。

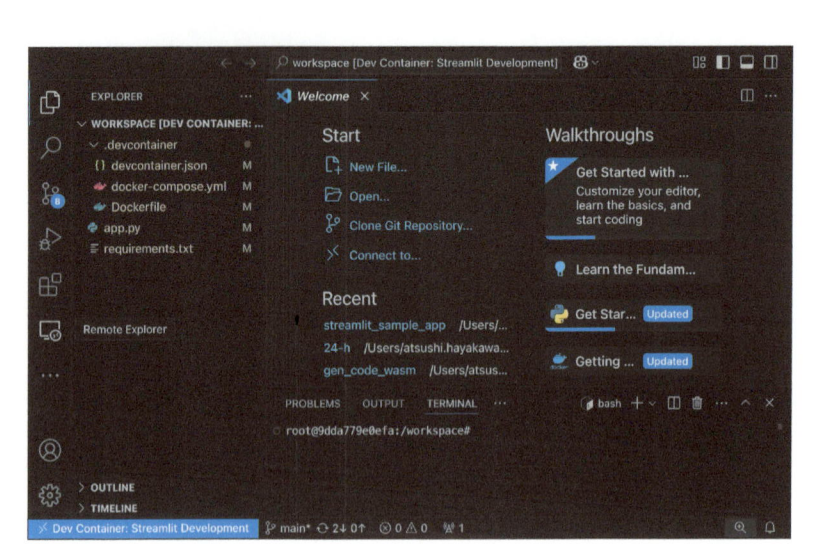

● 図 8.10　**Dev Containers で環境構築が完了したときの画面**

　これで、手元のコンピュータで Streamlit のアプリケーションを開発する準備が整いました。

Streamlit アプリの起動

　3 ステップで Streamlit アプリを使うことができます。

❶ Terminal の起動
❷ `streamlit run app.py` というコマンドを Terminal に入力して実行
❸ ブラウザで表示された URL を開く

　画面右上にある右から 2 個目のボタン（図8.11①）をクリックすると画面下部に Terminal が起動します。起動しない場合は同じボタンをもう一度押してください。起動した Terminal 上で、「`streamlit run app.py`」と入力して（図8.11②）、エンターキーを押して実行してください。

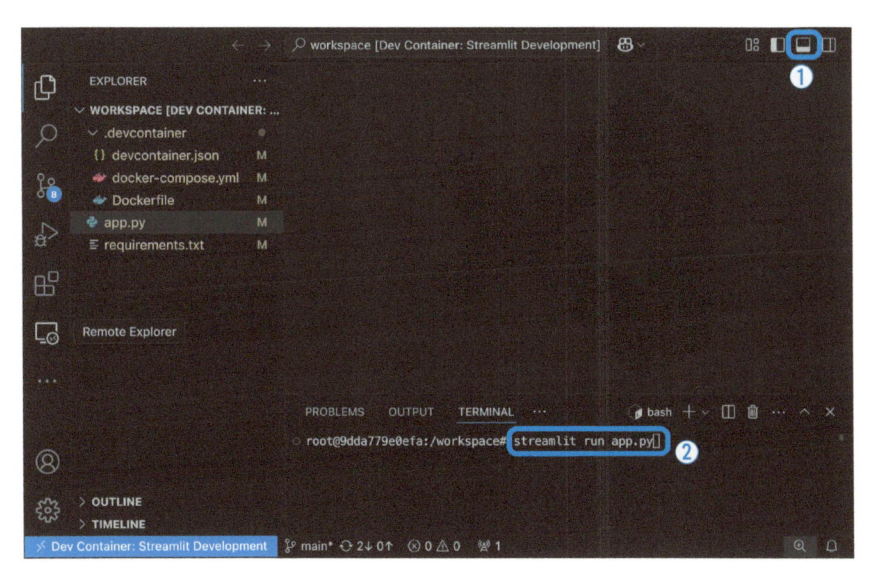

● 図8.11　**Streamlit を起動するときにコマンドを入力するときの画面**

実行すると、Terminalに次のような表示がされます（図8.12）。

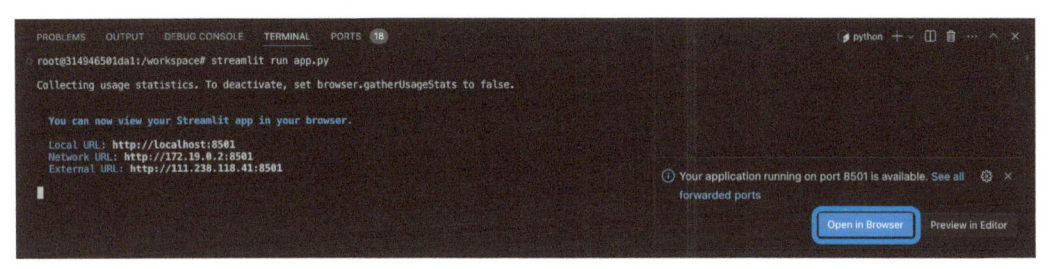

● 図8.12　**Streamlit が起動したときの画面**

「Open in Browser」というボタンをクリックするとブラウザに切り替わり、「Hello World!」と表示されます。この画面がStreamlitによるものです。これでStreamlitの基本の環境構築は完了です。app.pyにコードを追加することで、Streamlitのアプリケーションを開発していくことができます。

　動作確認として、app.pyの「Hello World!」を「こんにちは 世界！」と書き換えてファイルを保存してみてください。ブラウザで表示を更新すると文字が切り替わります。表示が切り替わらない場合は、Terminal上でCtrlキーを押しながらCを入力してStreamlitを終了

してから、「`streamlit run app.py`」というコマンドを再度実行してください。これで
Streamlitの再起動ができます。

LLM とチャットをする

Streamlitの生成AI活用例のページ[6]で紹介されているOpenAIを用いたチャットボットを
作成します。`app.py`を次のように書き換えてください。

```python
 1 import streamlit as st
 2 from openai import OpenAI
 3
 4 with st.sidebar:
 5     openai_api_key = st.text_input(
 6         "OpenAI API Key", key="chatbot_api_key", type="password"
 7     )
 8     "[Get an OpenAI API key](https://platform.openai.com/account/api-
keys)"
 9     "[View the source code](https://github.com/streamlit/llm-examples/
blob/main/Chatbot.py)"
10     "[![Open in GitHub Codespaces](https://github.com/codespaces/badge.
svg)](https://codespaces.new/streamlit/llm-examples?quickstart=1)"
11
12 st.title("💬 Chatbot")
13
14 if "messages" not in st.session_state:
15     st.session_state["messages"] = [
16         {"role": "assistant", "content": "How can I help you?"}
17     ]
18
19 for msg in st.session_state.messages:
20     st.chat_message(msg["role"]).write(msg["content"])
21
22 if prompt := st.chat_input():
23     if not openai_api_key:
24         st.info("Please add your OpenAI API key to continue.")
25         st.stop()
26
```

* 6 https://streamlit.io/generative-ai

```
27    client = OpenAI(api_key=openai_api_key)
28    st.session_state.messages.append({"role": "user", "content":
prompt})
29    st.chat_message("user").write(prompt)
30    response = client.chat.completions.create(
31        model="gpt-4o-mini", messages=st.session_state.messages
32    )
33    msg = response.choices[0].message.content
34    st.session_state.messages.append({"role": "assistant", "content":
msg})
35    st.chat_message("assistant").write(msg)
```

ファイルを保存しStreamlitを再起動[*7]すると、OpenAIのGPT-4o miniとチャットができる画面ができあがりました。左側のサイドメニューにあるOpenAI API KeyにAPIキーを入力したら、右下のチャット入力欄で会話ができます。まずは「こんにちは」と挨拶をしてみましょう（図8.13）。

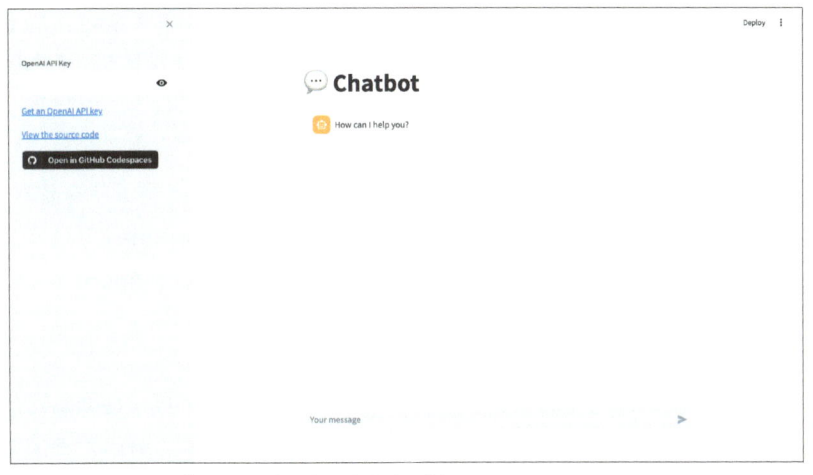

• 図8.13　Stramlitでチャットができるようになったときの画面

＊7　Terminal上でCtrlキーを押しながらCを入力してStreamlitを終了してから、「streamlit run app.py」というコマンドを再度実行することで再起動できます。

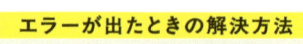
　これが、Streamlit を用いたチャットアプリの第一歩です。ここから先は、みなさんの想像力によって便利な機能を増やしていくことができます。

　この節で書き換えた app.py のコードについて解説します。

　1 行目で Stramlit のライブラリを読み込みます。基本は、「import ライブラリ名」で読み込みます。as を利用すると読み込んだライブラリ名に名前をつけ直すことができます。Streamlit のライブラリ名は streamlit ですが、プログラムの中で利用するたびに streamlit と毎回書くのは不便です。なので、st と名前をつけて省略して書けるようにするのが一般的です。

　次に 2 行目の from openai import OpenAI で、OpenAI のライブラリを読み込みます。from はどのライブラリから読み込むかを指定しており、ここでは openai というライブラリからの読み込みを指定しています。その直後の import OpenAI は、openai というライブラリにある OpenAI というプログラムを読み込むという意味です。

　4〜10 行目は、サイドメニューの実装です。with st.sidebar 以下に書かれたコードがサイドメニューを表示する実装です。ここで OpenAI の API キーを入力するフォームを実装しています。また、ダブルクォーテーションで囲んだ部分は文字の表示についての設定で、マークダウン記法を利用できます。大括弧 [ ] でリンク先を示す文字、小括弧 ( ) でリンク先の URL を書くことで、Streamlit 上でリンクを作成できます。

　14〜20 行目は、最初に表示する bot によるコメントと、これまでのやりとりを画面に表示するコードです。bot には assistant という role で "How can I help you?" と指示していま

す。その指示内容は st.session_state["message"] に保存し、保存された内容を画面に表示するために、st.chat_message を利用します。

22行目は少しテクニカルな書き方をしています。**:= はセイウチ演算子と呼ばれる機能で2019年にリリースされたPython3.8から利用できます**。セイウチ演算子を使う場合と使わない場合のコードを比較すると何ができるのかを理解できます。

セイウチ演算子を利用しない場合、22〜25行目は次のようなコードになります。

```
prompt = st.chat_input()
if prompt:
    if not openai_api_key:
        st.info("Please add your OpenAI API key to continue.")
        st.stop()
```

prompt という変数を定義する箇所と、prompt で条件分岐する if の2行に分かれます。セイウチ演算子を使うと1行で書くことができます。比較的新しい機能なので、この演算子を好んで使う人と今まで通りの書き方をする人がいます。

23〜25行目はOpenAIのAPIキーが入力されていない場合に、キーの入力を促すメッセージ "Please add your OpenAI API key to continue." を表示するためのコードです。st.stop() は処理をここで中断させて、以降に書かれている処理が実行されなくなります。

27行目の client = OpenAI(api_key=openai_api_key) はOpenAIのAPIを利用するためのクライアントの作成です。api_key という引数にサイドバーで入力された openai_api_key を利用します。

28〜29行目は、ユーザーがテキスト入力欄に書いたメッセージをチャット欄に書き写す処理です。画面を開いている間にチャットの履歴が消えないように、st.session_state.messages にメッセージを保存します。チャットを画面に表示するには、st.chat_message("user").write(prompt) のようにします。chat_message の引数に "user" と入れることで、ユーザーによる入力であることが分かるように画面に表示します。

30〜33行目は、GPT-4o mini に今までのチャットの履歴を送り、それに対する返事を生成してもらう処理です。メッセージの候補を複数得られるようにも設定できるため、結果は配列で返ってきます。この処理では1つだけ返ってきます。response.choices[0] で配列先頭にある生成結果を選びます。response.choices[0] には、以下のようなデータが入っています。

```
Choice(finish_reason='stop', index=0, logprobs=None, message=ChatCompletionM
essage(content='こんにちは！お困りのことはありますか？お手伝いできることがあればお知らせくださ
い。', role='assistant', function_call=None, tool_calls=None))
```

34〜35行目で、API から得られた回答結果を画面に表示します。ユーザーの入力を画面に表示するときとの違いは、st.chat_message("assistant") として Bot からの入力であることを示しているところです。

8.3　機能を拡張しよう

8.3.1　複数のページを作成する

複数のページを持つStreamlitのアプリケーションを作成できます。用途別にページを作成し、さまざまな業務に対応可能なアプリケーションが実装できます。複数ページを作成するには、"pages"というフォルダを作成し、その中にapp.pyと同様にプログラムを配置します。以下のような構成になります。

```
.
├── .devcontainer
│   ├── devcontainer.json
│   ├── docker-compose.yaml
│   └── Dockerfile
├── pages
│   └── sample.py
├── app.py
└── requirements.txt
```

sample.pyは例として、次のようにしました。

```python
import streamlit as st

st.title("サンプルページ")
st.write("sample")
```

Streamlitを再起動すると左側のメニューに自動的にリンクが追加されます（図8.14）。

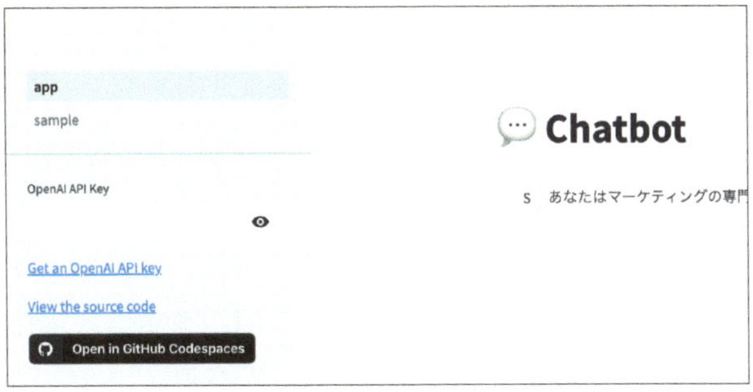

● 図8.14　ページを新たに追加したときの画面

　リンクの文字はファイル名から自動的に作られるので、英語のファイル名に対して日本語のリンク名をつけることはできませんでしたが、2024年6月にリリースされた機能によって、好きな名前でメニューを作ることができるようになりました。app.pyを次のように変更します。ここまでのプログラムをhomeという関数の中に移動させて、プログラムの最後に複数ページに関する設定を記述します。

　pagesは辞書型を使うことで階層的にメニューを作れます。例では「メイン」という見出しをつけて、Homeとサンプルの2つのリンクを表示させています。st.Pageの引数には、第一引数は表示したいページを作成する関数もしくはファイルへのパスを置きます。titleでサイドバーに表示するリンク名、iconでリンク名の左側に置くアイコンを設定できます。

```python
import streamlit as st
from openai import OpenAI

def home():
    with st.sidebar:
```

```python
        openai_api_key = st.text_input(
            "OpenAI API Key", key="chatbot_api_key", type="password"
        )
        "[Get an OpenAI API key](https://platform.openai.com/account/api-keys)"
        "[View the source code](https://github.com/streamlit/llm-examples/blob/main/Chatbot.py)"
        "[![Open in GitHub Codespaces](https://github.com/codespaces/badge.svg)](https://codespaces.new/streamlit/llm-examples?quickstart=1)"

    st.title("💬 Chatbot")

    if "messages" not in st.session_state:
        st.session_state["messages"] = [
            {
                "role": "system",
                "content": "あなたはマーケティングの専門家として、ユーザーの課題解決をしてください。",
            },
        ]

    for msg in st.session_state.messages:
        st.chat_message(msg["role"]).write(msg["content"])

    if prompt := st.chat_input():
        if not openai_api_key:
            st.info("Please add your OpenAI API key to continue.")
            st.stop()

        client = OpenAI(api_key=openai_api_key)
        st.session_state.messages.append({"role": "user", "content": prompt})
        st.chat_message("user").write(prompt)
        response = client.chat.completions.create(
            model="gpt-4o-mini", messages=st.session_state.messages
        )
        msg = response.choices[0].message.content
        st.session_state.messages.append({"role": "assistant", "content": msg})
```

```
        st.chat_message("assistant").write(msg)

pages = {
    "メイン": [
        st.Page(
            home,
            title="Home",
            icon="🏠",
        ),
        st.Page(
            "pages/sample.py",
            title="サンプル",
            icon="📝",
        ),
    ]
}

page = st.navigation(pages)
page.run()
```

このプログラムへの変更で、サイドバーのリンク名が変わり見やすくなります（図8.15）。

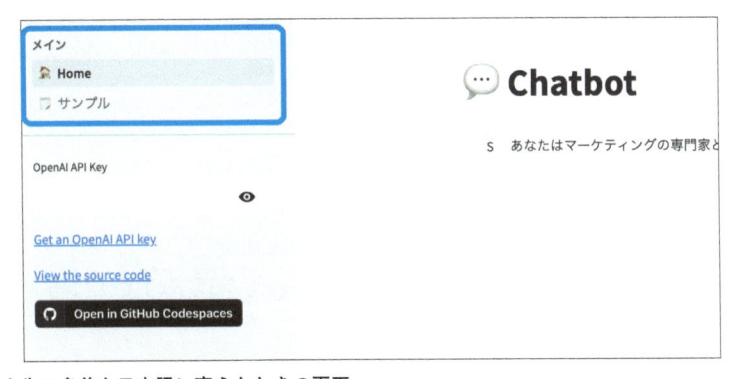

● 図8.15　リンク先の名前を日本語に変えたときの画面

8.3.2　パスワード認証の作成

　セキュリティを担保するために、ユーザー名とパスワードを指定してログインする簡単な実装を紹介します。この項の内容が完成すると、次のようなログイン画面ができます（図

8.16）。username に taro、password に taro を用いて、ログインができるようになります。

• 図8.16　**ログイン画面**

　ログイン機能を実装するために、以下のようなファイル構成にします。

```
.
├── .devcontainer
│   ├── docker-compose.yaml
│   ├── devcontainer.json
│   └── Dockerfile
├── pages
│   └── sample.py
├── app.py
├── config.yaml
└── requirements.txt
```

　ログイン機能を実現するために、Streamlit Authenticator[8] というライブラリを利用します。ライブラリを追加するために、requirements.txt を以下のように書きかえます。

```
streamlit
openai
streamlit-authenticator
```

[8]　https://github.com/mkhorasani/Streamlit-Authenticator

requirements.txtを変更したあとは、ライブラリをインストールする必要があるので、Dev Containers を再起動する必要があります。「Reopen in Container」をクリックしてください。「Reopen in Container」が見つからない場合は「Rebuild Container」をクリックしてください。Reopen もしくはRebuildすることによって、Streamlit アプリが終了するので、Terminal で「`streamlit run app.py`」を再度実行してください。

次に、`app.py`を変更します。下記に示すコードを追加してください。このとき、もとの`app.py`の最後の2行`page = st.navigation(pages)`と`page.run()`は削除します。

```python
import yaml
import streamlit_authenticator as stauth
from streamlit_authenticator.utilities.hasher import Hasher

def not_logged_in():
    def empty_page():
        pass

    pg = st.navigation([st.Page(empty_page)])
    pg.run()
    st.stop()

with open("config.yaml") as file:
    config = yaml.load(file, Loader=yaml.loader.SafeLoader)

Hasher.hash_passwords(config['credentials'])
authenticator = stauth.Authenticate(
    credentials=config["credentials"],
    cookie_name=config["cookie"]["name"],
    cookie_key=config["cookie"]["key"],
)
authenticator.login()

if st.session_state["authentication_status"]:
    page = st.navigation(pages)
    page.run()
    with st.sidebar:
```

```
        st.divider()
        authenticator.logout("Logout", "sidebar")
elif st.session_state["authentication_status"] is False:
    st.error("Username/password is incorrect")
    not_logged_in()
elif st.session_state["authentication_status"] is None:
    st.warning("Please enter your username and password")
    not_logged_in()
```

ログインする際に利用するユーザー情報config.yamlを作成してください。

```
credentials:
  usernames:
    taro:
      name: Test Taro
      password: taro
      email: taro@example.com
    hanako:
      name: Test Hanako
      password: hanako
      email: hanako@example.com
cookie:
  key: some_signature_key
  name: some_cookie_name
```

app.pyの解説をします。関数not_logged_inは、ログインする前のページ内容を作成しています。empty_pageとしており、何も表示しないようになっています。

with open("config.yaml") as file:からHasher.hash_passwords(config['credentials'])の箇所で、ユーザー情報を読み込んでいます。

stauth.Authenticateでユーザー情報を持つauthenticatorを作成します。ログインフォームはauthenticator.login()を呼び出すだけで実装できます。ログアウトボタンは、authenticator.logout("Logout", "sidebar")で実装できます。ログイン情報は、st.session_state["authentication_status"]に保存されるので、条件分岐を用いてログイン画面にしたり、ログイン後の画面を表示したりします。

次に、config.yamlの解説をします。今回作成したファイルでは、taro、hanakoというユーザーのパスワードをtaroとhanakoにしています。パスワードが丸見えになってしまっています。これを防ぐためには、ハッシュ[9]を用いてパスワードを変換する必要があり、ハッシュ化するためにはstauth.Hasher(['taro'])のようにtaroというパスワードを変換してください。

開発したアプリを公開する

8.4.1 Community Cloudで公開しよう

StreamlitのCommunity CloudはStreamlitで作成したアプリケーションを公開するための専用プラットフォームで、無料で利用することができます。

スタートページ[10]から利用を開始することができます。これまでに作成したコードをGitHubにアップロードします。GitHubはいくつかのコマンドを実行して利用するのが一般的ですが、本書で取り扱うにはボリュームが多くなってしまうので、別の書籍に譲ります[11]。

ここでは、ブラウザ上での操作のみで完結させます。GitHub[12]にアクセスしたら、アカウントを作成しログインし、画面上部の＋ボタンより「New repository」をクリックします（図8.17）。リポジトリはコードを保管する場所を意味します。

● 図8.17　GitHubで新しいリポジトリを作成するためのページを開く

Step1

次の画面で、リポジトリの情報を入力します。Repository nameに「streamlit-app」と入

＊9　データを変換し、もともとのデータを推測できないように隠蔽する処理のことです。
＊10　https://streamlit.io/cloud
＊11　インプレスから出版されている『いちばんやさしいGit&GitHubの教本 第3版』が初学者向けでおすすめです。
＊12　https://github.com

力し（図8.18①）、リポジトリはPublicからPrivateに変更します（図8.18②）。入力が完了したら、「Create repository」というボタンをクリックし（図8.18③）、リポジトリを作成します。

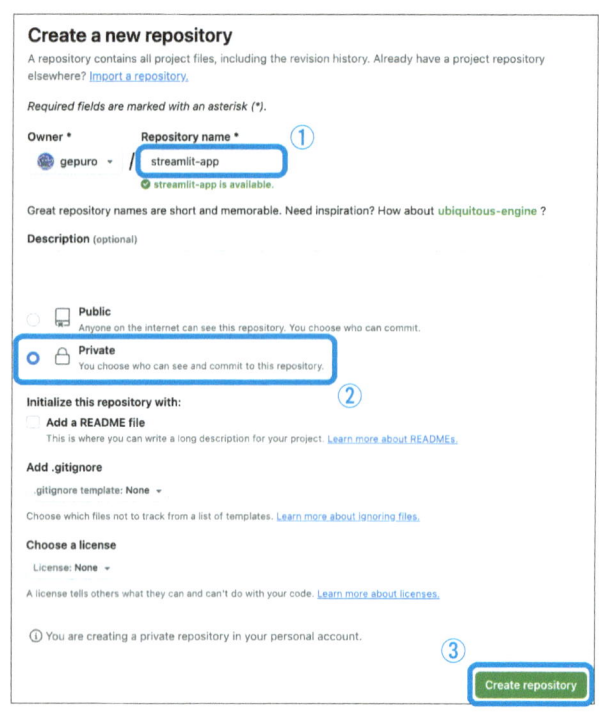

Step2

　リポジトリを作成した直後の画面です（図8.19）。コマンドを用いてコードを管理する方法が画面上に表示されていますが、簡易的な操作でGitHubを利用するため、今回はコマンドを利用しません。「uploading an existing file」というリンクをクリックします。

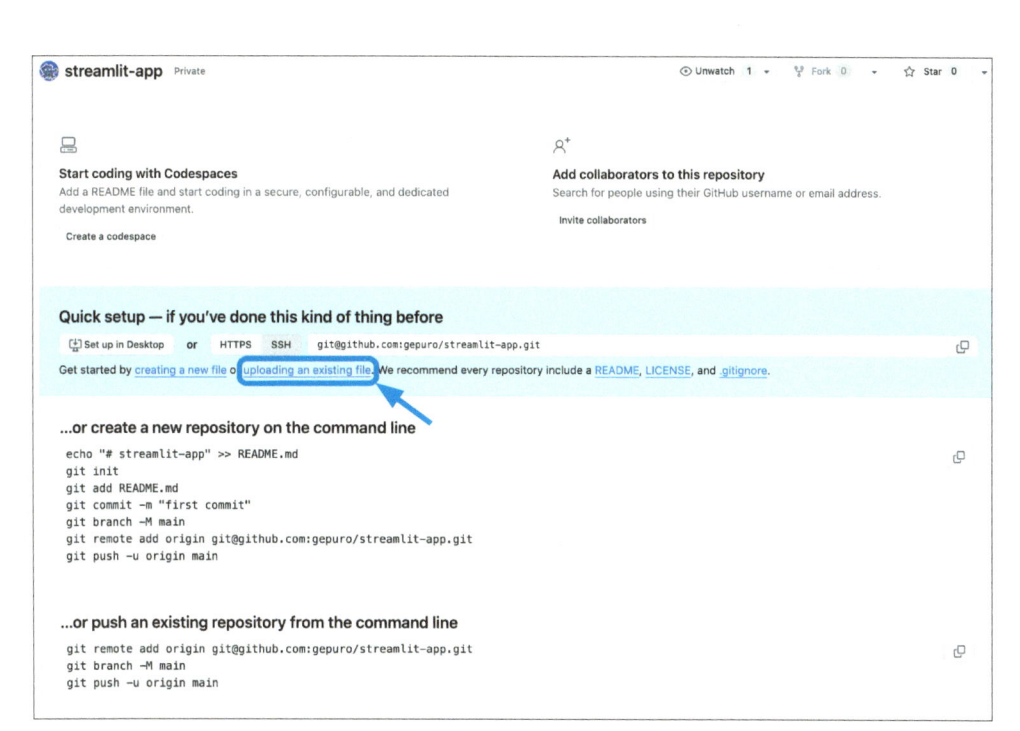

●図8.19　新しく作成したリポジトリを開いたとき

Step3

この画面上にファイルやフォルダをドラッグ＆ドロップでアップロードします（図8.20）。

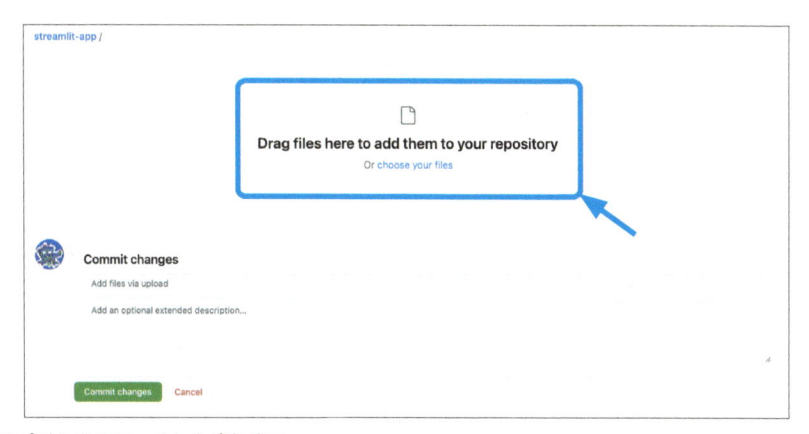

●図8.20　リポジトリにファイルを追加する

フォルダごとに `.devcontainer` 以外のファイルとフォルダをすべてアップロードすると、図8.21のようにファイル一覧が表示されます。

● 図8.21　リポジトリにファイルを追加したあと

Step4

アップロードできているのを確認できたら、「Commit changes」ボタンをクリックし（図8.21）、ファイルをアップロードします。

アップロードが完了すると、図8.22のような画面に切り替わります。この画面で、アップロードファイルが正確に反映されているかを改めて確認します。

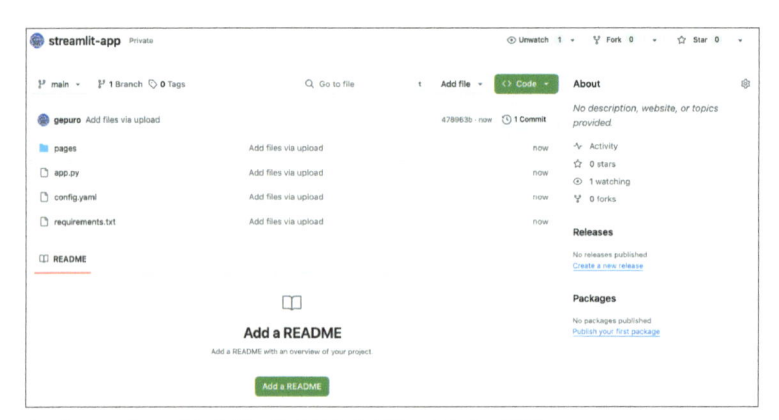

● 図8.22　ファイルをアップロードした後にリポジトリを開いたときの画面

ここまでで、GitHubへのファイルアップロードは終了です。ファイルを更新するときは、「Add file」からアップロードできます。

Step5

次に、「Streamlit Community Cloud」のページ[*13]よりStreamlitのアカウントを作成し、Streamlitアプリを公開します。GitHubアカウントを用いてStreamlitのアカウントを作成してください。ログイン後の画面は次のようになります。画面右上の「Create App」よりアプリを追加します（図8.23）。

● 図8.23　Community Cloudでアプリを作成する

Step6

GitHubにコードをアップロード済みなので、左側にある「Deploy a public app from GitHub」を選びます（図8.24）。

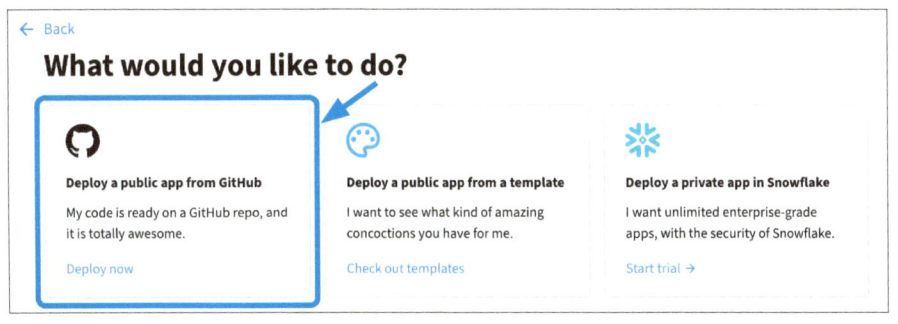

● 図8.24　GitHubで作成したリポジトリにあるコードを選択する

Step7

Repositoryには先ほど作成したリポジトリを選びます。リポジトリは「ユーザー名/リポジトリ名」となっていますので、各自のユーザー名やリポジトリに合わせて適宜記述してく

＊13　https://share.streamlit.io/

ださい。Branchはmainのままにして、Main file pathはapp.pyに変更します（図8.25）。App URL欄ではStreamlitアプリを共有するときのURLを変更することができます。記入が完了したら、「Deploy」ボタンを押して、Streamlitアプリを展開しましょう。

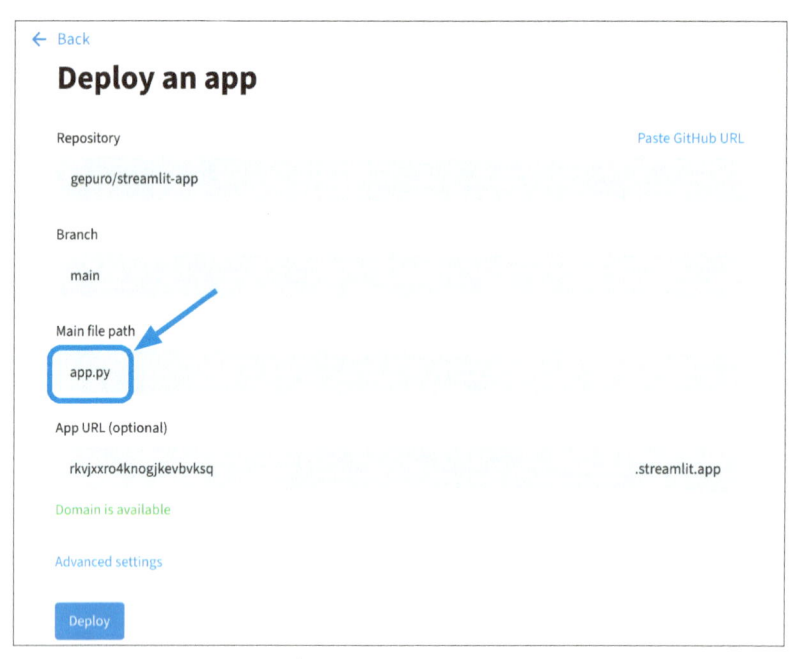

- 図8.25　Community CloudでStreamlitアプリを利用できるように展開する

Step8

　しばらくすると、アプリのページに移動します。これでStreamlit Community Cloudを用いたアプリの公開は以上です。右上のメニューからユーザーを招待したり、アプリを一般公開して誰でもアクセスできるように変更することも可能です。

8.4.2　社内展開するには

　これまでは、ソフトウェアエンジニアの力を借りずにStreamlitアプリを開発し公開する方法を紹介しました。社外秘の情報を含まないようなアプリであれば、この章で紹介した方法で問題はありません。OpenAIのAPIキーはアプリにアクセスするたびにユーザー自身で入力したものを使うようにしているので、知らない誰かに利用されて追加料金が発生することはありませんし、利用ログが公に漏洩することもないでしょう。

　しかしながら、**秘匿性が高い社内向けのStreamlitアプリを運用するためには、追加でいく**

つかの工夫が必要です。たとえば、社員だけがログインして利用できるようにするために、社内のユーザー管理システムと統合したり、アプリケーションを社内で運用しているクラウドに設置したり、外部からの攻撃を監視するしくみを追加したりすることです。ソフトウェアエンジニアが在籍している会社であれば、彼らに相談をすることで社内に広く展開することができるようになります。当然、自分自身で技術を学び対応することもできます。広範囲の知識を得ることで、キャリアアップに繋がるかもしれません。

　Streamlitというツールを使うことによって、LLMの利用しやすさを高めて、データ活用をより促進することができます。業務の改革が進むことを願っています。

さらに挑戦したい人は

- **3〜7章で作成した機能の実装**：本書で紹介した活用方法をWebアプリにしてみましょう。使い勝手がよくなることで、さらに効率的に業務に取り組めるようになります。`sample.py`のようにページを新たに作成し、`app.py`の関数home を参考にすれば、3〜7章の機能をWebアプリにできます。
- **社内展開をしてみよう**：多くの人に利用してもらうことで、LLMによる恩恵を広げることができます。これを機会として、エンジニアと一緒にプロジェクトを立ち上げてみましょう。

これだけは覚えたい！基本ポイント

- Streamlit を使えば、非エンジニアであってもPython によるWeb アプリ開発が可能です。
- Streamlit のCommunity Cloud で、無料でサービスを公開できます。

生成AIアプリケーションを一人でも多くの社員に使ってもらうためには
——DeNA社内での取り組み事例

DeNAの社内生成AI基盤SAI

社内展開の参考のために株式会社ディー・エヌ・エー（以降はDeNAとします）での事例を紹介します。

DeNAには、全社員が利用可能な生成AIのWebプラットフォームの「SAI」（図D.1）という社内アプリケーションがあります。SAIのベースとなった生成AI活用の取り組みは、まさに本書で紹介した各章の内容です。

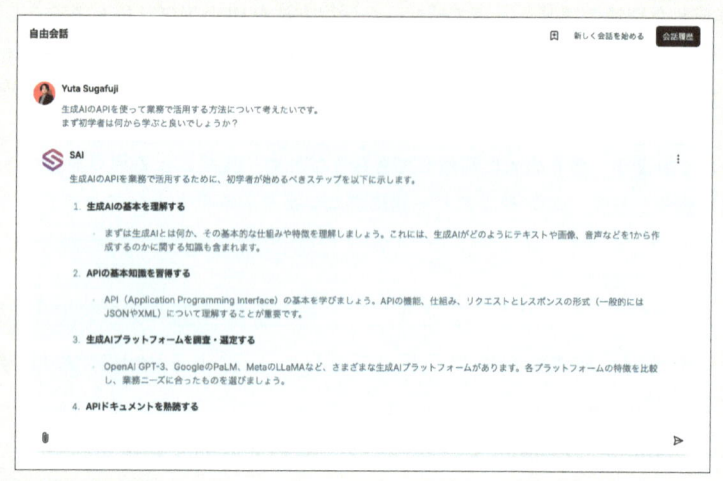

● 図D.1　「SAI」の実際の画面

DeNAの生成AI基盤SAIは、「安心してストレスなく生成AIを使用できる状態を作ること」、「生成AIで社員全員の業務効率を最大化すること」を目指して作られたアプリケーションです。社外には出すことができないデータも入力できるChatGPTベースのチャットツールと、本書で紹介したようなタスク支援ツールがまとまっています[*14]。

ただのモックから全社AI戦略に合流

SAIプロジェクトが立ち上がる前、私たちは8章で紹介したStreamlitを使ってさまざまな生

[*14]　SAIはDeNA全社のAI活用方針にも組み込まれており、投資家向けの「2024年3月期　統合報告書」でも紹介されています。https://dena.com/jp/ir/library/integration-report.html

成AIを活用したタスクが実行できる試作品（モック）を作っていました（図D.2）。これを用いて、チームメンバーやチーム外の特定のマーケターらをAIで支援していました。

3C分析
Automatic generation of 3C Analysis with LLM

インプット情報

対象となる社名・ブランド名・キャラ名・名称
DeNA

事業内容
エンターテインメント事業

直近どれほどの期間のWebの情報を取得したいか
● 6months
　直近半年間
○ 1year
　直近1年間
○ 5years
　直近5ヶ間

web検索の深さ（optional）

3Cの観点（optional）

市場について

市場について
【エンターテインメント事業の市場について】
エンターテインメント事業市場

● 図D.2　当初Streamlitで作成していたモック

　作成したAIモデルのモックが、マーケティングや事務作業を効率化させ、実際に周りのメンバーの業務改善をしていました。そこから私たちは、生成AIで会社全体の業務効率を改善できるという確信を得ていました。

　転機が訪れたのは、この取り組みが、たまたま社内で全社の生成AI戦略を検討していたキーパーソンの目に留まったときです。その後、そのモックが生成AIの全社戦略を議論する場で話題に上がり、私たちが描いていたビジョンを社内で広く展開できることになりました。スモールに進めていたものが、モックがあることによって、一気に社内の大きな潮流に乗り、トップダウン的に全社に広げられるようになったわけです。そこからSAIプロジェクトがスタートし、プロダクト全体のマネジメントを含め私たちで担うこととなりました。

　モックは単なる試作品ではなく、ビジョンを具体化し、関係者にその価値を視覚的に理解してもらうためのツールです。とくに、全社的なプロジェクトでは多くの関係者の合意形成が必要ですが、モックの存在はその過程を大幅に効率化しました。この経験を通じて、モック制作の重要性を改めて実感しました。

社内の既存生成AIツールとの棲み分けを明確化する

　SAIが持つ特徴もこのプロジェクトが進展する上で重要な要素でした。当時社内で利用されていた生成AI活用ができるツールは、Slack上でのチャット形式のものだけでした。これは、社内の基盤を運用するチームが構築したツールで、普段社内のコミュニケーションを取るのに使われるチャットツールの中で、シームレスに生成AIを利用できるように作られていました。

　これにより社内の生成AI利用は促進されたものの、使い方の工夫が利用者に委ねられており、一定のAIリテラシーが求められることや、細かい業務に対応させるためにプロンプトをその都度工夫しなければならないことから、実際の業務への活用は限定的なものになっていました。

　一方でSAIは、Webプラットフォームとして設計されており、議事録の作成や広告のテキストクリエイティブ作成など具体的なタスクに落とされた機能が実装できるようになっていました。つまり、それぞれのユーザーが行いたいタスクに、すぐに使える機能を取り揃えることで、利用ハードルを下げることができる特徴を持っていたわけです。

　SAIでは、ユーザーがプロンプトをいくつか打ち込んでいくだけで簡単に業務に合わせたアプリを作成できる機能を搭載しているため、個別に最適化された生成AIツールを構築できるようになっています。加えて、ドキュメントを読み込ませてその内容を把握して返答してくれる機能（図D.3）も搭載されています（RAG：Retrical-Argumented Generationと一般的に呼ばれるものです）。

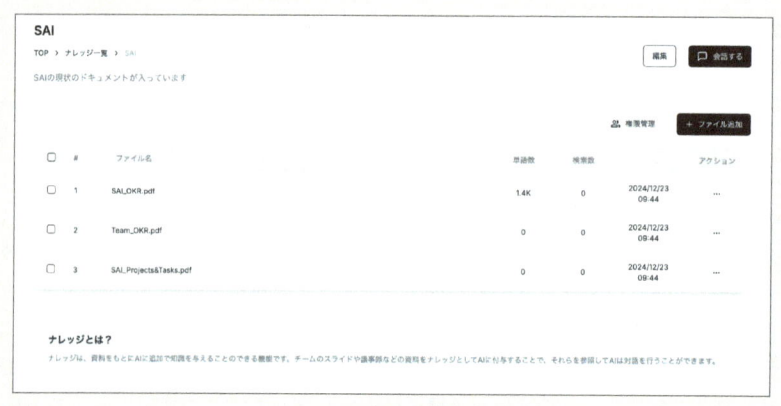

● 図D.3　SAIのナレッジ機能

　Slack上のチャットボットでも、社内情報（規定やインターナルページの内容など）を扱う

機能は実装されており、社内でも非常に有用なツールとして認識されています。一方でユーザー自身で読み込ませる情報をチューニングするには、柔軟にモデルを扱えるWebプラットフォームが必要だったのです。どちらのツールにも強みがあり、それぞれで社内の生成AI利用を支えています。

全社プロジェクトとして重要なターゲティングと運用の重要性

　SAIを全社リリースするにあたり、「全社員に使ってもらえる生成AIプロダクト」を目指していました。しかし、<mark>社員数が多い中で一度に全員をカバーするのはなかなか困難です。そこで、ターゲットを明確に絞る</mark>ことにしました。

　具体的には、「生成AIに興味はあるが具体的な使い方がわからない」と様子を見ている人や、「周囲が使い始めたため、自分も使わなければ」と感じる人たちに焦点を当てることにしました（図D.4）。これらの層は社内でも割合が高く、このような人が日常的に行う業務をサポートする機能を提供することで広く利用してもらえると考えたのです。

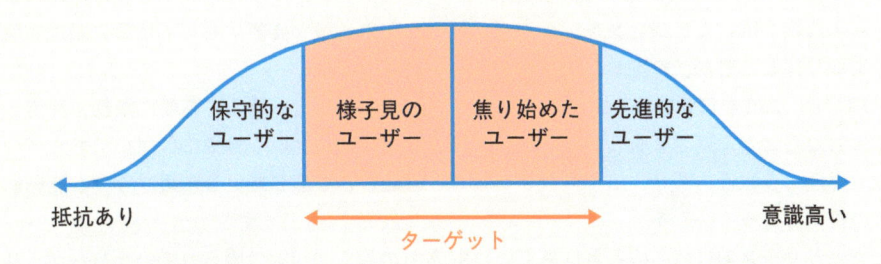

● 図D.4　生成AI活用施策のターゲット

　一方で新技術に敏感で自主的に生成AIを活用する「先進的なユーザー」や、逆に生成AIを取り入れることに抵抗がある「保守的なユーザー」は、まずは対象外としました。前者はすでに活用しているため、私たちの取り組みの影響が軽微と考えられます。後者は一定のボリュームが見込まれますが、浸透させるのに労力を要するからです。ただ諦めているわけではなく、彼らはSAIの初期ターゲットが利用を始めると利用をし始める見込みがあるため、まずはターゲットを絞っているという意図です。

　メインターゲットの社員にアプローチするために、搭載する機能も調整しました。具体的には、多くの社員が高頻度で行っている業務に着目して、その業務を効率化させることに注力しました。メジャーな業務として議事録作成機能などを搭載したものの、それだけでは利用者の持つ細かい要望に応えることができません。実際に活用してもらうためには個々の利用者に最

適化できる機能が必要です。それぞれの社員が抱えている少しずつ異なった仕事にも柔軟に対応できることが大事だったため、前述したプロンプトベースのアプリ構築ツールを提供しました。これにより、自分の業務に最適化したツールを自分で作ることができるようにしました。

しかし、導入後も「使いどころがわからない」という声が多く寄せられたことがもっとも大きな課題でした。

そこで私たちは、直接ヒアリングを実施して社員がどの業務シーンで生成AIを使えるかを可視化し、必要なアプリを探しやすいしくみを整備するとともに、多くの社員が参加する会議や共有会で具体的な活用例を紹介し、使い方をレクチャーすることで「自分ごと化」を促進しています。

一方、運用を進めるうちにルーティンワークの域を超える高度な技術が必要なニーズも出てきましたが、SAIはあくまでも「全社員が気軽に生成AIを活用できる」ことをビジョンとしており、こうした要望があっても可能な範囲での対応にとどめ、それ以上の専門的な領域には、個別の生成AI案件として別のAI部門に請け負ってもらうなどの方針を取りました。このように、導入段階で描いたビジョンをぶらさず、社内からの多様な要望に対しては優先順位を明確にして取り組むことが、安定した運用の鍵になります。

社内では、SAIを日常業務と並行して活用し、こちらの想定を超えて高度に業務で利用している人もいたことに驚きました。しかし、全社員が毎日使うという目標には届いておらず、社員数や部門の多様性もあり、広く浸透させることの難しさを感じているため、今でも能動的に導入の提案を行っています。

ただ、リリース前には私のもとに来ていた生成AIの導入の相談は限られていましたが、リリース後には驚くほど多くの相談が寄せられるようになり、相談内容もリリース前と比較して格段に生成AIに対する理解が深まり、具体的かつ高度なものが増えました。

これらの経験を通じて、ターゲティングと運用の重要性を深く実感しました。全社プロジェクトを成功させるためには、明確なターゲット設定と、それに基づく戦略的な運用が不可欠です。社内のニーズを的確に捉え、ターゲットに応じて生成AIを自分の業務に活用できる環境を整えることが組織全体の生産性向上に繋がります。

今後の課題と展望

全社的に生成AIの利用ができる環境を構築することができたものの、課題はまだまだあります。

SAIの利用率を見ると、まだ社員全員に使ってもらうという目標は達成できていません。今後は利用率だけでなく、その満足度や具体的なSAIの貢献度合いの把握もしながら運用してい

く必要があります。そのためにも、まずは私たちがさまざまなAIの活用方法を吸収し、それらを最新の動向と合わせてSAIの機能として追加していく必要があると考えています。

　環境の陳腐化との戦いも常にしていかなければなりません。執筆時点の2024年末にも、各社がこぞってAIモデルをリリース・アップデートしています。「シンギュラリティー」と呼ばれる、AIの性能が人間を超えていく日も近いかもしれません。そのスピーディーな世の中の変化を、まずは私たちが理解し、それらを社内に発信し続けていくことが重要だと思っています。そして、その傾向をSAIや新たなアプリケーションとして提供していくことで、社内ツールでAIのトレンドを体験して、すぐに業務に活用できる環境づくりをしていきます。

　SAIは「データアナリティクス部」のメンバーが舵を切るプロジェクトになっています。この部署では、「データに価値を与え、事業の未来を切り拓く」をビジョンに、常に事業に向き合い、定量と定性の両面での課題解決を進めてきています。通常の業務から常に事業に向かっているからこそ、現場の動きや彼らの課題を掴みやすい立場にいます。それがSAIの方針決定にも反映されており、事業活用が必ずできることへのこだわりにも繋がっています。

　まずは本書で紹介した一連のサポート機能の実装と、アプリの作成に挑戦して、自分以外の人に使ってもらうことから始めてみましょう。少しずつ社員の要望を取り入れていくことで、大きな流れを作ることもできます。

編著者紹介

佐々木 亮 (ささ きりょう)

株式会社ディー・エヌ・エー所属　Senior Data Scientist

博士(理学)。専門は、宇宙物理学。国立研究開発法人理化学研究所、アメリカ航空宇宙局(NASA)の研究員を歴任。現在は、データサイエンティスト、中央大学にて研究員兼非常勤講師、作家。Podcast「佐々木亮の宇宙ばなし」にて Apple Podcast 科学カテゴリー日本 1 位達成、第 3 回 Japan Podcast Awards 受賞。著書に『超入門 はじめての AI・データサイエンス』(培風館)、『やっぱり宇宙はすごい』(SB クリエイティブ) がある。X では、@_ryo_astro として活動している。

早川 敦士 (はやかわ あつし)

株式会社ディー・エヌ・エー所属

2010 年よりデータサイエンスに取り組み、2015 年に電気通信大学で修士を取得。エンジニア、データサイエンティスト、データアナリストのさまざまな側面から、データ活用に従事。
著書に、『データサイエンティスト養成読本』(技術評論社)、『Python によるはじめての機械学習プログラミング』(技術評論社)、『機械学習のための特徴量エンジニアリング』(オライリー・ジャパン) などがある。
X では、@gepuro として活動している。

菅藤 佑太 (すがふじ ゆうた)

株式会社ディー・エヌ・エー所属

2015 年より自然言語処理に取り組み、2019 年に慶應義塾大学で学士を取得。主に YouTube のデータ分析や自身で YouTube での活動を行う。現在は、DeNA で全社生成 AI プロダクト「SAI」のプロダクトマネジメントに従事。
X では @mrkeiosfc16no1 として、YouTube では「まなびスクエア」として活動している。

NDC007.64　　　239p　　　24cm

マーケティングを AI (エーアイ) で超効率化 (ちょうこうりつか)！
ChatGPT API (チャットジーピーティー エーピーアイ) のビジネス活用 (かつよう) 入門 (にゅうもん)

2025 年 3 月 26 日　第 1 刷発行

編著者　佐々木亮 (ささ きりょう)・早川敦士 (はやかわあつし)・菅藤佑太 (すがふじゆうた)
著　者　深田裕一 (ふか だ ゆういち)・風間智裕 (かざ ま ともひろ)
発行者　篠木和久
発行所　株式会社　講談社
　　　　〒112-8001　東京都文京区音羽 2-12-21
　　　　　　販　売　(03) 5395-5817
　　　　　　業　務　(03) 5395-3615

KODANSHA

編　集　株式会社　講談社サイエンティフィク
　　　　代表　堀越俊一
　　　　〒162-0825　東京都新宿区神楽坂 2-14　ノービィビル
　　　　　　編　集　(03) 3235-3701
本文データ制作　株式会社トップスタジオ
印刷・製本　株式会社ＫＰＳプロダクツ

ISBN 978-4-06-538959-1